모든 걸 비추는 밤,

마음만은 보이지 않아

모든 걸
비추는 밤,

마음만은
보이지
않아

이지수 옮김 도하타 가이토 지음

프롤로그

밤의 바다로 떠나는 마음 여행

제게는 버릇이 하나 있습니다. 상담이 끝난 뒤 내담자를 배웅하고 나면 어김없이 담배를 피우는 것이지요. 다음 상담까지는 고작 10분밖에 여유가 없기 때문에 매번 허겁지겁 베란다로 나가야 합니다. 앞선 상담의 잔상을 떨쳐내고 새로운 기분으로 다음 상담에 임하기 위한 저만의 의식이지만, 나쁜 습관인 것에는 변명의 여지가 없습니다.

베란다에서는 도심이 한눈에 들어옵니다. 정면에는 작은 연립주택과 맨션이 늘어서 있고 왼쪽으로는 절이, 오른쪽으로는 헬스장이 입점한 상가 건물이 보입니다. 건너편 멀리로는 초고층 빌딩이 몇 채나 서 있어서 밤이 되면 조명이 마치 별빛처럼 반짝거리지요.

이따금 맞은편 건물의 창문이 열리며 베란다로 누군가가 나옵니다. 그들은 파자마를 입었거나, 실내복 차림이거나, 상반신은 맨몸일 때도 있습니다. 그리고 빨래를 널거나, 화분에 물을 주거나, 저처럼 담배를 피우기도 합니다. 그러다 문득 눈이 마주치기라도 하면 어색한 순간이 펼쳐집니다. 약속이라도 한 것처럼, 누가 먼저랄 것도 없이, 우리는 시선을 황급히 다른 곳으로 돌립니다. 말 그대로 엎어지면 코 닿을 거리에 있지만, 우리는 영원히 타인으로 지내는 셈이지요.

그럴 때면 전 이런 것들을 상상해보곤 합니다. 저 무수히 많은 창문 너머에, 무수히 많은 작은 방이 있다는 걸 말이지요. 그리고 거기에는 무수히 많은 사람들이 살고 있어서 일도 하고 사랑도 하며, 그렇게 각자가 전혀 다른 인생을 꾸려나가고 있다는 것을요.

그렇게 생각하면 이 거리가 평소와는 다르게 보입니다. 푸른 하늘 아래로 수많은 작은 방들이 둥실둥실 떠 있는 것처럼 보입니다. 제가 있는 곳도 그런 작은 방 중 하나입니다.

말하자면 우리는 수많은 조각배들입니다. 둥실둥실, 이 너른 세상을 떠다니는. 조각배들은 때로는 바짝 붙어 있지만, 때로는 서로에게서 멀어지지요. 하지만 본질적으로는 덩그러니 내팽개쳐져 있습니다. 너른 바다 위에 홀로 말입니다.

✦ ✦ ✦

저는 임상 심리사입니다. 제가 일하는 상담실이 있는 건물은 지하철역에서 도보로 10분 정도 걸리는 거리에 있습니다. 전통 있는 빵집과 복고풍 찻집, 묘한 분위기의 옷가게가 모여 있지요.

방은 두 개입니다. 한쪽 방은 컴퓨터가 있는 사무실인데, 이 방에서는 상담 기록을 적거나 장부를 작성하거나 원고를 씁니다. 물건들이 너저분하게 널려 있어서, 솔직히 말씀드리면 남들에게 보여줄 수 없는 상태입니다. 담배를 피우러 가는 베란다는 이 방에서만 출입이 가능합니다.

다른 한쪽 방은 상담실입니다. 제가 앉는 초록색 의자와 내담자가 앉는 회색 소파, 눕고 싶은 사람을 위한 파란색 카우치가 있습니다. 그 외에는 낮은 책장과 작은 대만고무나무 화분이 전부입니다. 꽤나 심플하지요. 청소나 정리정돈에는 소질이 없지만 이 방만큼은 열심히 청소기를 돌립니다.

저는 스물다섯 살에 임상 심리사 자격증을 땄습니다. 학교 상담사로 지냈던 적도 있고 병원의 임상 심리사로도 일하는 등 다양한 곳에서 근무했습니다. 그럭저럭 15년 넘게 이 일을 해온 셈이군요. 이젠 중견이라고도 할 수 있는 나이입니다. 더는 신참이 아니지만, 그렇다고 베테랑이라 말하기에는 어딘지 겸연쩍기도 합니다.

지금의 제 상황을 바라보자면, 소싯적에 동경했던 전설의 임상 심리사처럼은 될 수 없다는 것을 깨닫는 시기라고 할 수 있겠습니다. 긴 교육과 수련을 마쳤다고 해서 마법사 같던 선생님처럼은 되지 않는구나. 나는 아무래도 흔하디흔한 임상 심리사로서 살아가는 수밖에 없겠구나. 그런 사실을 알게 되는 시기지요. 수입이 안정된 것도 아닙니다. 5년 뒤, 10년 뒤에 저 자신이 어떻게 되어 있을지 전혀 모르겠고, 아무런 보장도 없습니다. 더군다나 체력은 갈수록 떨어지는데 자잘한 업무는 점점 늘어납니다. 밑에서는 젊고 우수한 후배들이 두각을 드러내며 치고 올라오고, 위에서는 선배들이 여전히 기세등등하게 내리찍습니다. 중견이기에 겪는 괴로움입니다.

뜬금없이 제 처지에 대해 비관적인 이야기를 늘어놓았습니다만, 사실 제 진심은 이렇습니다. 중견은 황금기가 아닐까? 힘든 건 사실이지만, 그래도 꽤 괜찮은 시기가 아닐까?

제가 중견이 되었다는 사실을 자각한 건 3, 4년 전입니다. 소싯적처럼 새로운 것을 배우며 언덕을 오르는 듯한 감각은 사라지고, 엄숙하게 임상을 계속해나가는 고요한 하루하루.

내담자가 와서 무언가를 이야기하면, 저는 귀담아듣고 제가 생각한 바를 전합니다. 그런 나날이 계속해서 이어집니다. 그리고 어느 날 문득 깨닫습니다. 제 안에 예전과는 다른 감각이 생겼다는 것을요.

'남의 일이 아니구나.'

내담자의 이야기를 들으며 그런 생각이 드는 겁니다. 저는 그분들이 말하는 괴로움이 제 안의 괴로움과 공명하는 것을 느낍니다. 오해하지 말아주셨으면 하는데, 저와 내담자 사이에 영혼의 깊은 교류가 이루어지고 있다고 말하려는 게 아닙니다. 그보다는 내담자가 품고 있는 고뇌 속에서 이 시대를, 이 세계를 살아가는 괴로움이 회오리치는 걸 제가 느낀다는 뜻입니다. 내담자의 이야기에서 이 사회의 마찰음이 마치 바다에서 치는 천둥소리처럼 들려옵니다. 그것이 제 안의 마찰음과 공명합니다.

　제가 만나는 내담자는 각양각색입니다. 아이도 있고, 청년도 있고, 노인도 있습니다. 젠더도, 직업도, 상담 내용도 천차만별입니다. 그분들의 이야기가 저의 인생 경험과 정확하게 겹치는 경우는 거의 없습니다. 그분들은 이따금 저로서는 짐작하기 힘든 일, 평생 경험하지 못할, 상상조차 할 수 없는 일을 이야기합니다. 아니, 오히려 그런 이야기가 대부분입니다. 하지만 우리에게는 공유하는 부분도 있습니다. 어찌 됐든 같은 시대, 같은 세계에서 살아가고 있으니까요.

　물론 지금 이 세계에는 심각한 분열이 있고, 온갖 장소에는 이곳과 저곳, 내 것과 네 것을 가르는 경계선이 진하게 그어져 있습니다. 베란다에서 마주친 이웃이 영원한 타인에 머무르듯, 우리가 사는 세계는 조각조각 갈라져 있습니다. 그럼에도 내담자의 이야기에 귀를 기울이다 보면, 그분들의 고뇌 밑바닥에서 '모두'의 고뇌가 메아리치는 소리가 들립니다. 개인적인 고뇌에 세계의 고뇌가 뒤섞여 있는 것이지요.

　아들 부부와의 관계 문제로 고민하는 70대 독신 여성이 있습니다. 증여를 통해 재산을 상속한 뒤로는 며느리가 만남을 거절하는 경우가 늘었습니다. 손자를 볼 기회도 많이 줄어서 그 부분을 아들에게 호소해봤지만 돌아오는 반응은 늘 시큰둥합니다. 저는 그분이 고뇌하는 일을 경험한 적이 없고, 앞으로도 경험하지 않을지 모릅니다. 하지만 작은 상담실에서 이야기를 나누던 중 회색 소파에 앉은 그 여성분이 "아들한테 배신당했는지도 몰라요. 그러면 저는 외톨이예요"라고 말했을 때, 초록색 의자에 앉은 저는 문득 생각했습니다.

이건 저분의 고뇌지만 나의 고뇌이기도 하지 않을까?
아니, 이건 '모두의 고뇌'이지 않을까?

이직에 연거푸 실패한 40대 회사원이 "이제 저는 이직하고 싶어도 할 수 없는 몸이라는 것을 깨달았습니다. 30대를 잘못 보낸 듯해요"하며 후회합니다. 학교를 못 가게 된 여고생이 "다들 제가 없는 편이 낫다고 생각해요. 저 자신이 싫어요"하며 눈물을 흘립니다. 누구에게도 미움받지 않도록 부단히 주의를 기울여온 커리어우먼이 남자 친구를 향해 "당신의 말에 상처받았어. 사실은 싫었어"하고 용기를 쥐어짜내 말합니다. 상담실에서는 그런 이야기를 수두룩하게 듣습니다. 그러면 또 이런 생각이 드는 겁니다.

　　이건 저분들의 고뇌지만 나의 고뇌이기도 해.
　　맞아, 이건 '모두의 고뇌'야.

　그분들이 이야기하는 건 가족 문제, 커리어 문제, 자존심 문제, 파트너십 문제입니다. 각각은 별개의 문제이며, 그들은 저마다 다른 상황에서 다른 일로 괴로워하고 있습니다. 하지만 그 밑바닥에는 같은 괴로움이 메아리칩니다.

　그렇습니다. 그들은 '외톨이'가 되었습니다. 아들에게 배신당했다는 사실을 깨달았을 때, 30대를 잘못 보냈다고 후회할 때, 스스로가 싫어질 때, 소중한 사람이 자신을 함부로 대한다는 걸 자각했을 때, 그들은 의지할 데 없는 조각배가 됩니다. 우리는 지금, 몹시 고독해지기 쉬운 세계에서 살아가고 있습니다.

　제가 학생이던 시절의 세계와 지금의 세계는 완전히 다릅니다. 최근 20년 사이, 사람들을 지켜줘야 할 이 세계의 시스템은 와르르 무너졌습니다. 견고했던 세계는 흐물흐물 녹아 내려 마치 거친 바다처럼 불안정한 곳이 되었습니다. 우리는 그런 세계를 금방이라도 부서질 듯한 연약한 조각배 한 척으로 항해해나가야 합니다.

조각배로 나아갈 수밖에 없는 세계. 하지만 그곳에서는 조난당하든 침몰하든 전부 자기 책임입니다. 확실하다고 생각했던 연결도 연신 끊어집니다. 그래서 조각배는 홀로 살아남아야 합니다. 물론 그것은 세계가 '자유'로워졌다는 뜻이기도 합니다. 조각배니까 직접 자신의 일을 결정할 수 있습니다. 좋은 점도 많지만, 무슨 일이라도 생기면 깨닫게 되지요.

"나는 외톨이구나."

예전에는 들리지 않았던 이 세계의 천둥소리가 중견이 되자 들려옵니다. 그건 제가 이 세상과 사람들, 그리고 사회를 접해왔기 때문이겠지요. 다양한 내담자를 만나 임상 경험을 쌓고, 또 저만의 인생 경험을 쌓다 보니 우리가 어떤 시대를 살아가고 있는지 이제는 그 감촉이 뼈저리게 느껴집니다.

그것이 상상의 범위를 넓혀줍니다. 내담자가 말하는 삶의 괴로움에는 이 세계 자체에 잠재된 삶의 괴로움이 포함되어 있다는 사실을 깨닫게 됩니다. 자유롭지만 가혹한 이 세계가 낸 상처가 점점 보입니다. 그뿐만이 아닙니다. 그럼에도 불구하고 그들이 꿋꿋하게 살아가는 모습을 눈앞에서 보며, 그런 사회에도 다정한 부분이 있다는 사실 역시 깨닫습니다.

그러면 이 사회의 현실에 의거해서 마음에 대해 생각할 수 있게 됩니다. 그것은 상담을 평범하게 만듭니다. 소싯적에 꿈꿨던 멋진 상담은 현실적인 상담으로 타협됩니다. 그 점에 조금 실망하지만, 평범함에야말로 인생을 지탱하는 심오한 힘이 있다는 사실을 아는 것 역시 중견입니다.

중견이 임상 심리사에게 황금기라고 생각하는 건 그런 이유 때문입니다.

상담실에서 제가 하는 건 무척 미시적인 일입니다. 개인의 마음이라는 최소 단위를 상대로, 그것이 아주 조금 변화하기를 돕고 있지요. 지구온난화 같은 문제들에 비하면 저는 너무나 작은 일을 하고 있는 듯합니다. 하지만 상담실에서 다루는 것이 '모두'의 고뇌이기도 하다는 사실을 알면, 상담이라는 지극히 작은 일이 이 거대한 사회 전체에 대한 일이기도 하다는 점을 실감하기도 합니다.

✦ ✦ ✦

　망망대해에 내팽개쳐진 조각배들. 그것이 제 사무실 베란다에서 보이는 이 세계의 풍경입니다. 그렇다면 임상 심리사로서는 다음과 같이 묻지 않을 수 없습니다.

　조각배는 어떻게 방향을 찾아내고, 어떻게 항해를 해나가는가?
　이 자유롭고 가혹한 세상을 어떻게 살아갈 것인가?

　이것이 이 책의 주제입니다.
　우리가 살아가는 시대와 사회에 대한 매우 큰 질문이지요. 답이 그리 간단하게 나올 것 같지는 않습니다. 그래서 당신의 힘을 빌리고 싶습니다.
　거기에 있는 회색 소파에 앉아주세요.
　이제부터 당신 자신의 마음에 대해, 당신이라는 조각배에 대해 함께 생각해보려 합니다. 그것이 이 커다란 질문의 답을 찾아갈 추진력이 될 겁니다.

반복해서 말하지만, 저는 임상 심리사이기 때문에 아주 미시적인 사안에 대한 이야기를 나눕니다. 지극히 개인적이고 구체적인 사안에 대해 시행착오를 거치며 내담자와 함께 궁리하는 일을 생업으로 삼고 있지요.

그러니 이 책에서도 저에게 익숙한 방식으로 진행을 해보려고 합니다. 제가 상담실에서 하는 방식으로요. 물론 완전히 똑같이는 할 수 없을 겁니다. 상담실에는 같은 방에 두 개의 몸이 있습니다. 그래서 직접적으로 감정이 오가지요.

지금 우리는 각자의 작은 방에 있어서 저는 당신의 목소리를 들을 수 없습니다. 당신에게도 제 목소리가 들리지 않겠지요. 하지만 이렇게 책에 적혀 있는 말이 완전히 무력한 것도 아닙니다.

말은 마음에 보조선을 긋습니다. 말은 당신의 마음을 정리해서 전과는 다르게 자신과 세계를 바라보게 돕습니다. 그 과정의 축적을 통해 우리가 몸담고 있는 이 세계를 살아가는 어려움을 엿볼 수 있습니다.

◆ ◆ ◆

준비되셨나요? 그럼 함께 항해를 시작해봅시다.

창밖을 봐주세요. 도시의 풍경이 눈에 들어올 겁니다. 땅에는 단단한 아스팔트가 깔려 있고, 하늘에도 단단한 고층 빌딩이 우뚝 솟아 있습니다.

아니, 틀렸습니다. 당신에게는 당신의 거리가 보이겠지요. 당신을 둘러싸고 있는, 꿈쩍도 하지 않는 단단한 풍경이.

그것을 한참 바라보면 시야가 조금씩 흐려집니다.

어떤가요? 초점이 어긋나고, 윤곽이 사라지고, 색채가 뒤섞일 겁니다. 단단했던 것이 물컹물컹 녹아내립니다. 학교도, 회사도, 집도, 늘 지나다니는 길도 흐물거립니다. 익숙한 풍경이, 거리가, 세계가 액체로 변합니다.

그리고 밤의 장막이 내려옵니다. 눈을 감아보세요.

좋습니다. 이제 눈을 뜨세요.

이곳은 바다 한복판. 아무런 길잡이도 없는 망망대해. 시간은 한밤중, 달은 희미하게 떠 있고 미지근한 바람이 불어옵니다.

회색 조각배가 둥실둥실 떠 있습니다. 당신은 홀로 내팽개 쳐져 있습니다.

아니, 그쪽이 아닙니다. 이쪽이에요. 어두컴컴해서 잘 안 보일 수도 있지만 저는 여기에 있습니다. 초록색 조각배가 당 신 근처에 둥실둥실 떠 있어요. 당신의 조각배를 도와주는 보 조함입니다.

자, 어디로 갈까요?

먼저 돛을 올리고 노를 저어봅시다.

아침을 향한, 밤의 항해로의 출항입니다.

1

살아가는 방식은 여러 가지

: 처방전과 보조선

밤이긴 해도 바람은 상쾌하고 파도 역시 잔잔합니다. 이대로 거침없이 바다를 건너고 싶으시겠지만 일단 돛을 내려봅시다. 본격적으로 항해를 시작하기에 앞서 사전 준비를 해두려고 합니다.

우리가 건너야 하는 건 길잡이 없는 밤바다입니다. 도중에 길을 잃거나 배가 난파되면 곤란하니 대비를 해두려고 합니다. 이제부터 저는 무엇을 하고 당신은 무엇을 할지, 각자의 역할을 명확하게 정해둡시다.

밤의 항해란 무엇인가

인생에는 때로 길을 잃는 시기가 있습니다.

얼마 전까지만 해도 분명 별일 없이 살아가고 있었는데 갑자기 함정에 빠지고 맙니다. 이를테면 일에서 큰 실패를 겪거나, 파트너에게 이별을 통보받거나, 가족에게 문제가 생기면 일상은 너무나도 허무하게 산산조각 납니다.

가끔은 큰 사건이 아니라 사소한 일이 계기가 되기도 합니다. 작은 실패 때문에 자신감을 잃고, 미묘한 엇갈림 때문에 다른 사람을 신뢰하지 못하게 됩니다. 그런 일이 겹치면 평범한 일상을 상실하고 미래에 대한 전망이 사라집니다. 자신이 지금 어디에 있는지, 어디로 향해야 하는지 알 수 없어집니다.

심층 심리학자 융은 누구라도 맞닥트릴 수 있는 이러한 위기의 시기를 '밤의 항해'라고 불렀습니다. 그럴 때의 우리가 마치 조각배로 거친 밤바다를 항해하는 것처럼 의지할 데 없기 때문이겠지요. 당신에게도 과거 그런 나날이 있었을 수도 있고, 지금이 바로 그 시기일 수도 있습니다.

밤의 항해는 갑자기 시작됩니다. 그러면 어둠 속에 홀로 내팽개쳐져 인생을 암중모색해야 합니다. 그럴 때 의지할 데 없는 조각배로 어떻게든 항해를 계속해나가려면 서포트가 필요합니다. 서포트에는 두 가지 종류가 있습니다.

항해를 서포트하는 첫 번째 방법: 마음의 처방전

서점에는 '밤의 항해' 코너가 있다는 사실을 아시나요? 실제로 존재하는 건 아닙니다. 이를테면 밤의 항해를 하는 사람을 위한 책장이랄까요. 인생살이에 관한 책, 흔히 '자기 계발서'라고 불리는 책들이 꽂힌 책장입니다. 심리학이나 종교 서적 같은 것도 근처에 놓여 있고요. 그런 책들에 쓰여 있는 것은 마음가짐이나 삶의 방식에 관한 이야기입니다.

"긍정적으로 생각하자"라고 적혀 있는 책도 있고, "부정적인 것을 받아들이자"라고 적혀 있는 책도 있습니다. "주변 사람들에게 감사하자"라고 적혀 있는 책이 있는가 하면, "자기 인생을 살자"라고 적혀 있는 책도 있습니다. 내용은 저마다 다르지만, 그 책들에는 밤의 등대처럼 "저쪽 방향으로 가면 돼요" 하고 명확한 방침을 내려준다는 공통점이 있습니다.

이것이 도움이 됩니다. 밤의 항해로 내던져져 혼란에 빠졌을 때, 앞길을 밝혀주는 등대가 있으면 기력이 솟아납니다. 나아가야 할 방향만 알면 나머지는 노를 젓는 일뿐이니까요.

그건 말하자면, '마음의 처방전'입니다.

방향감각을 상실해버린 당신에게 마음의 처방전은 어디로 향하면 될지 알려줍니다. 이것이 밤의 항해를 서포트하는 첫 번째 방법입니다.

처방전의 한계

물론 마음의 처방전에는 책만 있는 것이 아닙니다. 인터넷에는 수많은 조언들이 넘쳐나고, 지인에게 고민을 털어놓아도 각자의 인생 경험을 바탕으로 해결책을 들려줍니다. 단, 그런 처방전에는 한계도 있습니다.

"긍정적으로 생각하자"라는 방침으로 인생을 구원받는 사람이 있는 반면, 사태가 오히려 심각해지는 사람도 있습니다. "부정적인 것을 받아들이자"라는 말에서 빛을 얻는 시기가 있는가 하면, 더욱 깊은 어둠 속을 헤매게 되는 시기도 있을지 모릅니다. 신기한 일입니다.

중이염에 걸리면 의사는 "항생제를 드세요" 하며 처방전을 써줍니다. 이 처방전은 대부분의 경우 효과를 발휘합니다. 하지만 마음의 처방전은 그렇지 않습니다. 사람에 따라 혹은 시기에 따라 같은 마음의 처방전이 잘 들을 때도 있고 전혀 듣지 않을 때도 있습니다. 가끔은 해로울 때조차 있습니다. 마음의 회복이 몸의 회복과 다르기 때문입니다.

몸이 회복될 때, 몸은 비정상적인 상태에서 정상적인 상태로 되돌아옵니다. 부러진 뼈가 다시 붙고 세균이 몸에서 제거 됩니다. 그런 상태로 돌아오는 것을 우리는 "회복했다"라고 말합니다.

하지만 마음의 회복은 다릅니다. 가령 과로로 인해 우울증에 걸렸을 때, 치료해서 원래 상태로 돌아온 것뿐이라면 또다시 과로하게 될 겁니다. 마음이 회복되었다고 말하기 위해서는 예전과는 다른 방식으로 일할 수 있어야 합니다. 요컨대 지금까지와는 다른 삶의 방식을 도입해야 하는 것이지요.

그렇다고 하더라도 과연 어떤 삶의 방식을 도입하면 좋을지 알 수 없습니다. 우리는 저마다 껴안고 있는 사정도 다르고 살아가는 환경도 다릅니다. 걸어온 삶의 역사도 전혀 다르고요. 그러므로 어떻게 살아가는 것이 좋을지는 각자의 경우에 따라 다릅니다. '좋은 삶의 방식'이 모든 사람에게 들어맞는 정답은 아닌 것이지요.

밤의 항해 코너에 있는 수많은 책들이 각각 전혀 다른 이야기를 하고 있는 이유는 바로 그 때문입니다. 살아가는 방식은 여러 가지입니다. 게다가 시대의 변화에 따라 그 숫자는 늘어나기만 하지요. 지금 이 순간에도 처방전을 위한 새로운 책이 만들어지고 있습니다.

그렇다면 어떻게 해야 좋을까요? 자신에게 딱 맞는 처방전을 발견할 때까지 그저 책을 계속 찾아보는 수밖에 없을까요? 그렇지 않습니다. 밤의 항해에는 또 하나의 서포트 방법이 있습니다. 이를 이해하기 위해 실제 상담 이야기를 해보려합니다.

안전한 항구

어느 날 40대 후반 여성으로부터 상담 의뢰를 받았습니다. 그분은 결혼한 지 10년이 되었고 초등학생 아들이 있었는데, 갑자기 남편으로부터 이혼하자는 말을 듣고 심한 혼란에 빠졌습니다.

남편한테 다른 여자가 생긴 걸까, 내 어디가 나빴던걸까, 다시 시작할 수 없을까, 아니, 나한테도 수입이 있으니 차라리 헤어지는 편이 좋지 않을까. 그건 그렇다쳐도 아들한테는 뭐라고 설명해야 할까, 친정 부모님은내 잘못이라며 꾸짖지 않을까.

그분은 이제 막 밤의 항해로 내몰렸습니다. 나쁜 생

각이 연신 떠오르고 불안에 시달렸습니다. 그분의 조각
배는 소용돌이에서 벗어나기 위해 오히려 소용돌이의
중심부로 빨려 들어가려고 했습니다. 저한테는 그렇게
보였습니다. 그래서 그분에게 말했습니다.

"일단 쉽시다. 머릿속이 조금 진정되면 어떻게 대처
하면 좋을지 냉정하게 생각할 수 있을 거예요."

그렇게 말하고 의료 기관에서 진찰을 받아볼 것과 직
장과 주변 사람들의 협력을 얻을 것, 그리고 쉬는 동안
하면 좋을 일과 해서는 안 될 일을 이야기했습니다.

조각배는 어느 방향으로 나아가야 할까요?

제가 제안한 것은 우선 가장 가까이에 있는 안전한
항구로 피난하자는 처방전이었습니다. 단, 이는 어디까
지나 응급처치에 불과하다는 걸 알아야 합니다.

인생의 난문

이야기를 계속해보지요.

그분은 2주 동안 일을 쉬었고(작은 회사의 사장이었는데,
능력 있는 부하 직원이 이런저런 일들을 처리해줬습니다), 근처

에 살던 오빠네 가족이 달려와 아들을 돌봐줬습니다. 그분은 하루 대부분을 침대 위에서 보냈고, 옛날에 좋아했던 만화책을 읽으며 괴로운 시간을 넘겼습니다.

2주가 지나자 처음보다는 마음이 많이 진정되었습니다. 그래서 그분은 업무에 복귀하기로 했습니다. 이것이 좋은 결정이었던 모양입니다. 그분은 말했습니다.

"일을 하고 있으면 시름을 잊어요."

그 뒤로도 그분은 상담실에 계속 나왔습니다. 하루하루를 어떻게 보냈는지 저에게 알려주었고, 어떻게 하면 불안이 가라앉는지에 대해 이야기를 나눴습니다. 저는 처방전을 제안했고 그분은 실천했습니다. 잘 듣지 않는 것도 있었지만 잘 듣는 것도 있었습니다.

나쁜 생각은 여전히 머릿속을 빙글빙글 맴돌았습니다. 그러나 모든 것이 곧바로 파탄 나지는 않는다는 사실을 그분은 실감해나갔습니다. 불안이 컨트롤되기 시작한 것입니다. 여전히 조심스럽기는 했지만 일상이 회복되었습니다. 그러자 냉정하게 생각하는 힘도 돌아왔습니다.

이번에는 아무래도 처방전의 효과가 있었던 모양이어서 저는 가슴을 쓸어내렸습니다.

하지만 처방전이 할 수 있는 일은 여기까지입니다.

그분의 문제가 해결된 것은 전혀 아니었기 때문입니다. 그분에게는 이제부터 생각하고 맞서야 할 일이 산더미처럼 쌓여 있었습니다.

남편과의 관계를 어떻게 풀어나가면 좋을까. 어째서 이렇게 되어버린 걸까. 애초에 남편은 대체 어떤 사람이었을까. 앞으로 어떻게 살아가면 좋을까. 나는 무엇을 바라고, 무엇이 필요한 걸까. 왜 나는 이런 인생을 걷게 되었을까.

이들은 인생의 난문입니다. 보편적인 정답이 있는 것도 아니고, 있다 해도 도움이 되지 않습니다. 필요한 일은 그분이 자기만의 결론을 내는 것이며, 그분 스스로가 납득할 수 있는 이야기를 찾는 것입니다.

안전한 항구에서 잠시 쉰 다음, 태세가 갖추어지면 그분은 새까만 바다로 배를 띄워 항해해나가며 항로를 찾아야 합니다.

매니지먼트와 테라피

한번 정리해보겠습니다.

상담에는 두 가지 단계가 있습니다.

첫 번째는 혼란한 상태에서 안전한 항구까지 피난하는 단계입니다. 전문가들 사이에서는 '매니지먼트'라고 부르는 시기인데, 일단 태세를 갖추는 데는 처방전이 잘 듣습니다.

두 번째는 안전한 항구에서 나와 밤바다로 배를 띄우는 단계입니다. 내담자는 암중모색을 하면서 자기 나름대로 인생의 목적지를 찾게 됩니다. 이 단계를 '테라피'라고 합니다.

물론 매니지먼트와 테라피는 명확하게 구분되지 않습니다. 실제 상황에서는 두 단계가 뒤섞여 있습니다.

긴 밤의 항해를 할 때는 안전한 항구에 여러 번 들러야 하고, 안전한 항구에서 준비 태세를 갖추는 동안에도 사람은 자기 자신에 대해 많은 것을 배웁니다. 그러므로 지금 필요한 것이 매니지먼트인지 테라피인지, 이를 하나하나 판단하면서 섬세하게 배의 키를 조종하는 것이 상담사의 일입니다.

자기 자신과 다른 사람을 함부로 상처 입히지 않는 것. 매니지먼트 단계에서는 그런 최소한의 안전을 확보하도록 목적을 설정합니다. 그것을 목표로 삼을 때는 처방전이 매우 효과적입니다. 혼란에 빠져 있을 때는 나 대신 누군가가 어떻게 하면 좋을지 판단해주면 도움이 됩니다.

적지 않은 내담자가 최소한의 안전만 확보되면 자기 힘으로 문제에 대처할 수 있게 됩니다. 실제로 문제가 생기기 전까지는 스스로 본인의 인생을 꾸려왔으니까요.

하지만 그것만으로는 부족할 때도 있습니다.

지금까지 살아온 방식을 재검토하고 새로운 삶의 방식을 모색해야만 하는 때입니다. 그때가 바로 테라피가 등장할 차례입니다. 내담자는 자기 자신을 마주해야 합니다.

여기서 다시 한번 아까의 상담으로 돌아가보지요.

테라피란 무엇인가

일단 침착함을 되찾은 그분은 테라피 단계에 들어갔습니다.

매니지먼트 단계에서 우리는 눈앞의 고민거리를 어떻게 처리할지 이야기를 나눕니다만, 테라피 단계에 들어가면 모든 것이 화제에 오릅니다. 자신이 자라온 역사, 일상에서의 대인 관계, 이따금 머릿속에 갑자기 떠오르는 사소한 생각까지도요. 내담자 자신의 마음을 이해하기 위해 지극히 개인적인 이야기를 방대하게 나눕니다.

그러던 어느 날, 그분은 꿈에 대해 이야기했습니다. 장래 희망이 아닙니다. 밤에 꾸는 꿈입니다. 걸핏하면 비현실적이고 의미 없어 보이는 이야기까지 나누는 것이 테라피의 특징입니다.

"잘 모르는 남자한테서 소포를 받는 꿈을 꿨어요. 뭘까 하고 열어봤더니 예쁜 유리 조각이 꽉 차 있어서 그만 손가락을 베이고 말았어요. 피가 멎지 않았고 아팠죠. 하지만 소포 속에 또 다른 것이 들어 있지 않을까 해서 계속 찾아봤어요."

이상한 꿈입니다. 그분은 그 꿈이 아주 리얼했다며, 꿈에서 깬 뒤에도 불안이 사그라들지 않았다고 말했습니다. 이야기를 들으며 저는 지난 상담을 떠올렸습니다. 그날 그분은 남편한테서 오랜만에 연락이 왔다고 말했습니다.

그때 남편이 한 말은 그야말로 '유리 조각' 같았습니다. 표면상으로는 예뻤지만 그것은 그분을 깊게 상처입히는 말이었습니다. 그분에 대한 배려가 결정적으로 부족했던 것입니다. 그분은 그 점에 대해 몹시 화를 냈습니다.

"지독한 사람이에요. 이제 남편은 아무래도 좋아요."

그분은 내뱉듯이 그렇게 말하더니 이제는 헤어지는 수밖에 없다며 절망했습니다. 그 후에 꾼 꿈은 그날의 상담에서 언어로 표현하지 못한 그분의 마음을 전하려 하고 있었습니다. 저는 그렇게 생각해서 말했습니다.

"지난번 상담이 생각나는군요. 그때 당신은 남편분께 상처를 받았죠. 절망했었죠. 그건 정말 그랬겠지만, 꿈속의 당신은 그래도 여전히 남편과의 관계에 좋은 것이 남아 있지 않을까 찾았던 모양이네요."

그분 안에는 그분이 두 사람 있는 듯했습니다. 그래서 그분의 마음에 보조선을 그어본 것입니다. 그분은 한동안 침묵했습니다. 눈이 새빨개졌습니다. 그리고 조그만 목소리로 중얼거렸습니다.

"이상하네요…, 유리 조각밖에 없는데"

"그렇죠"

저는 이어질 말을 기다렸습니다.

"하지만 아직까지 남편을 믿고 싶은 마음도 분명 있어요. 그래서 괴로워요."

항해를 서포트하는 두 번째 방법: 마음의 보조선

마음의 보조선. 이것이 밤의 항해를 서포트하는 또 하나의 방법입니다. 보조선은 복잡한 도형을 복잡한 상태 그대로 다루기 위한 기술입니다.

예전에 수학 시간에 배우신 적이 있을지도 모르겠네요. 가령 찌그러진 오각형의 면적을 구하는 문제가 나왔다고 해보지요. 형태가 불규칙해서 그대로라면 어디서부터 어떻게 손을 대야 할지 알 수 없습니다. 하지만 보조선을 쓱쓱 그으면 그것이 삼각형과 사각형의 조합이라는 사실이 보입니다. 삼각형의 면적과 사각형의 면적을 각각 구해서 더하면 찌그러진 오각형의 면적을 알 수 있습니다.

복잡한 것을 일단 단순한 형태로 분할했다가 다시 연결시키는 것. 이것이 보조선의 역할입니다. 마음의 보조선도 같은 일을 합니다. 그것은 복잡한 마음을 복잡한 채로 다루는 기술입니다.

예컨대 마음의 보조선은 그분이 남편에게 품고 있던 복잡한 감정을 분할했습니다. 남편의 연락에 동요하던 자신을 '상처 입고 절망하는 나'와 '여전히 믿고 싶은 나', 이렇게 둘로 나눈 것입니다. 그분은 제멋대로 구는 남편을 미워하는 동시에 여전히 사랑하고 있었습니다. 그 점이 괴로웠던 거였지요. 하지만 그 지점이야말로 그분의 현 위치라는 사실을 보조선은 알려줍니다.

'나누는' 것은 '아는' 것입니다. 복잡한 마음을 보조선으로 분할하면 자기 안에 어떤 마음이 있고 자신이 어떻게 갈등하는지 보입니다.

아까 저는 처방전을 등대에 비유했습니다. 혼란에 빠졌을 때 명확한 방침을 제시하고 앞길을 비춰주기 때문입니다. 그렇다면 보조선은 손전등 같은 것이라고도 할 수 있겠지요. 그것은 먼 곳이 아니라 가까운 곳을 비추는 빛입니다. 손전등의 작은 빛은 조각배 속에 숨어 있는 것, 코앞의 해수면 속에 잠겨 있는 것을 조금 밝은 곳으로 꺼내줍니다.

'아는' 것에는 괴로움이 따릅니다. 보고 싶지 않았던 부분을 마주하게 되고, 만지기 싫었던 부분을 만지게 되고, 생각하기 괴로웠던 일을 생각하게 되니까 당연하지요.

실제로 그분은 자기 안에 남편에 대한 애정도 존재한다는 사실을 깨닫고는 괴로워했습니다. 남편을 얼른 내쳐버리는 쪽이 후련하고 편했겠지요.

하지만 그렇게 자신의 마음을 마주 보는 작업을 하는 것에는 그만한 가치가 있습니다. 마음의 가동 범위가 넓어지기 때문입니다. 그 작업을 통해 우리는 지금까지 생각할 수 없었던 것을 생각할 수 있게 되고, 지금까지 느끼기를 거부했던 마음과 함께 지낼 수 있게 됩니다.

그러면 무섭다고 생각했던 현실을 조금은 마주 대할 수 있습니다. 이제까지 부정해온 삶의 방식에 조금은 도전할 수 있게 됩니다. 그분의 경우 남편에 대한 복잡한 마음을 조금은 소화할 수 있게 되었습니다. 그 '조금'이 자신과 세상에 대한 보다 새로운 인식을 가져다줍니다.

이를 반복하는 것이 테라피입니다. 그렇게 우리는 자기 인생의 항로를 차츰 찾아갑니다.

처방전인가, 보조선인가

자, 이제부터 저와 당신은 밤의 항해를 시작합니다.

이럴 때 우리를 서포트해주는 도구가 두 가지 있다는 사실을 이제 아시겠지요?

첫 번째 도구는 마음의 처방전이었습니다. 이것은 당신이 가야 할 항로를 비춰주는 등대입니다. 두 번째 도구는 마음의 보조선이었습니다. 이것은 당신과 그 주변을 비춰주는 손전등입니다. 이 둘 사이에 우열 관계는 없습니다.

상담 과정에서 매니지먼트와 테라피가 때와 장소에 따라 구분되어 쓰이는 것과 마찬가지입니다. 인생에는 처방전이 효과를 발휘할 때와 보조선이 효과를 발휘할 때가 있습니다.

어느 쪽이 필요할지는 그때그때 다르지요. 핵심은 지금 당신의 상태입니다.

현재 당신에게 필요한 것은 처방전인가요, 보조선인가요?

어떤가요, 잠시 생각해보시겠어요?

어려운 질문이지요.

어떻게 살아가면 좋을지 처방전으로 콕 집어 가르쳐주기를 바라는 당신도 있는가 하면, 보조선을 사용해서 차근차근 자기 삶의 방식을 생각해보고 싶은 당신도 있지 않나요?

각도를 바꿔보지요.

당신은 지금 안전한 항구로 피난하는 편이 좋은 상황인가요, 아니면 목적지 자체를 찾는 밤의 항해에 나서는 편이 좋은 상황인가요? 요컨대 당신에게 필요한 것은 매니지먼트인가요, 테라피인가요?

아아, 역시 어려운 모양이네요. 지금 자신이 어떤 상태인지, 웬만해선 스스로는 모르는 법이니까요.

괜찮습니다. 지금 즉시 대답할 필요는 없습니다.

그보다 시행착오를 거치면서 골똘히 생각해보는 데 의미가 있으니까요.

그렇습니다. '처방전과 보조선'은 첫 번째 보조선이었습니다.

뒤죽박죽이 된 자신에게 보조선을 긋습니다. '필요한 건 처방전인가, 보조선인가?' 하는 질문을 받고 생각해보면 자신에게는 두 가지 방법이 있다는 사실을 깨닫게 됩니다. 그렇다면 그 방법들은 어떤 비율로 존재하는 걸까, 그리고 어느 정도의 비율이면 좋은 걸까, 더 생각을 해봅니다. 그 결과 용기가 살짝 나서, 여태까지는 피해왔던 것에 손을 뻗어보려는 마음이 생길지도 모릅니다.

이제부터 그런 작업을 당신과 함께 해보려고 합니다.

저의 조각배에는 막대기 같은 것이 여섯 개 든 봉투가 있습니다. 거기에는 글씨가 적혀 있습니다.

'말과 기수'

'사랑하기와 일하기'

'공유와 비밀'

'후련함과 답답함'

'포지티브와 네거티브'

'순수와 불순'

저의 역할은 이 여섯 가지 보조선을 필요에 따라 꺼내서 그것이 무엇인지 설명하는 것입니다. 당신의 역할은 그 보조선을 실제로 당신의 마음에 갖다 대어보는 것이고요. 그런 식으로 시행착오를 거치며 안개 낀 상태에서 생각해보는 것이지요.

항해를 하면서 항로를 발견하고, 자기 나름대로 살아가는 방식을 찾아내는 것! 이것이 바로 '밤의 항해'를 해나가는 방법입니다.

어떤가요, 워밍업이 되었나요?

보조선은 많은 말을 듣는 것보다 실제로 그어보는 편이 좋습니다.

이제 돛을 올리고, 본격적으로 밤의 항해를 시작해보지요.

2

마음은 여러 가지

: 말과 기수

밤바람이 상쾌하군요. 조각배 조종에도 익숙해지지 않았
나요? 이제는 돛도 꽤 잘 다루시네요. 그나저나 분명 순조롭
게 항해해왔는데 가도 가도 바다. 노를 저어도 저어도 밤. 세
계는 밤과 바다뿐입니다. 앞으로 나아가고 있는 것인지, 같은
곳을 빙빙 맴돌기만 하는 것인지, 그조차 알 수 없습니다. 밤
의 항해가 괴로운 이유입니다.

일단 멈춰보지요. 손발을 버둥거려봤자 아무 소용없습니
다. 손전등으로 주위를 비추며 뭔가 단서가 없는지 찾아보지
요. 아, 그렇지. 이 부근에 보조선을 한 줄 그어봅시다. 방향감
각이 생길지도 모르니까요.

어떤 보조선을 그을까요? 잠깐 기다려주세요. 지금 봉투
안에서 적당해 보이는 것을 찾을 테니까요.

어이쿠. 갑자기 큰 소리를 지르셔서 깜짝 놀랐잖아요. 무슨
일인가요? 뭐라고요? 뒤에서 무언가가 오고 있다고요?

진짜네. 불빛이 반짝반짝 빛나네요. 엔진 소리 같은 것도
들리고요. 무언가가 엄청난 기세로 오고 있어요.

모터보트?

아니, 아닙니다. 처방선船입니다!

처방선이 나타나다

하나, 둘, 셋, 넷. 네 척의 처방선이 우리를 둘러쌌습니다. 확성기가 나오는군요.

"긍정적으로 나아갑시다."

가장 왼쪽에 있는 번쩍번쩍한 처방선은 밝게 외칩니다.

"낙관적으로 받아들이는 것이 중요해요. 사고방식이 바뀌면 세상도 바뀌어요."

"뱃바닥을 살펴봐야 해요."

두 번째 처방선은 말투가 다정합니다.

"진정한 당신이 숨어 있지 않나요? 한 번뿐인 항해니까 가고 싶은 쪽으로 가야지요. 봐요, 당신, 벌써 빛나고 있어요.”

“스스로를 이겨내야 해.”

세 번째 처방선은 열혈남아인가요?

“노를 다른 방식으로 저으면 뱃머리의 방향이 바뀌지. 뱃머리의 방향이 바뀌면 조각배가 가는 곳도 바뀌고. 조각배가 가는 곳이 바뀌면 항해의 모든 것이 바뀐다. 지금 그대가 무엇을 하는가에 운명이 달려 있어.”

“여하튼 움직여.”

와일드한 네 번째 처방선은 숨 가쁘게 말을 퍼붓습니다.

“생각하기 전에 움직여. 노를 들고 팔을 움직여. 단 한 순간도 쉬지 마. 실패하면 가장 빠른 속도로 개선해!”

우와, 처방선은 강력합니다. 조명은 눈부시고 확성기의 음량도 큽니다. 힘센 엔진으로 당신을 어딘가의 항구까지 끌고 가줍니다.

처방선은 밤의 항해의 길잡이입니다. 항로를 비춰주는 움직이는 등대이지요.

잠깐, 긍정적인 처방선이 매력적이니까 그쪽을 따라가고 싶다고요?

이해가 됩니다. 믿음직한 느낌이 드니까요. 따라가고 싶어지는 마음은 알겠습니다. 하지만 일단은 좀 참아주세요. 왜냐하면, 당신은 지금 "긍정적으로 나아갑시다"라는 말을 들어도 어느 쪽이 그쪽인지 아직 모르지 않나요?

성급하게 일을 결정해서는 안 됩니다. 상황을 살펴보고 사태를 파악해야 합니다. 결단하는 건 그다음 일입니다. 이것이야말로 밤의 항해의 기본 규칙이니까요.

여기서는 우선 그냥 지나갑니다.

처방선들, 고맙습니다. 이번엔 괜찮아요. 지금은 됐습니다. 또 기회가 있으면 안내를 부탁할지도 모르겠어요. 그때까지 안녕히!

이야, 폭풍 같았네요.

하지만 타이밍은 최고였는지도 모릅니다. 이런 바람에 힘센 처방선, 아니 처방전에 감화되려고 할 때 딱 좋은 보조선이 있다는 게 떠올랐습니다. 그래요, 바로 마음을 여러 개로 분할해주는 보조선입니다. 교과서 첫 페이지에 쓰여 있는, 심리학에서는 가장 기본적인 보조선이지요.

한 내담자의 이야기를 들어주시겠어요?

이름은 'D'라고 해둡시다. 20대 후반이었던 남성으로, 투블럭으로 깔끔하게 머리를 자른 엔지니어였습니다. D가 상담실에 온 계기는 '우울증'이었습니다. 그걸 어떻게든 해결하고 싶다는 것이 D의 호소였습니다.

처방전에게 잡아먹힐 때

상담을 시작하고 곧 알게 된 것은, D가 현재의 직장에 강한 불만을 품고 있다는 사실이었습니다. 보수적인 분위기의 회사라서 D가 원래 하고 싶었던 일은 업무로 인정받지 못했습니다. 이대로 원치 않는 업무를 억지로 계속 하다 보면 내 인생은 끝날 거야. 그러니까 이직하는 수밖에 없어. 그런 생각이 마음속에서 소용돌이치고 있었습니다.

한편 D에게는 불안도 있었습니다. 지금 다니는 회사를 그만두고 과연 제대로 해나갈 수 있을까? 내가 하고 싶은 일은 굳이 위험을 감수하면서까지 해야 하는 일일까? 잘 모르겠어. D는 자신감을 가질 수 없었습니다.

그뿐만이 아닙니다. 더욱 성가신 건 입사 때부터 쭉 신세를 진 직속 여성 상사에게 깊은 은혜를 느끼고 있다는 점이었습니다. 이직은 상사에 대한 배신처럼 느껴져서 D는 꼼짝도 할 수 없었습니다.

괴로웠습니다. D의 마음은 매 순간 형태를 바꾸었습니다. 어느 날 아침에는 지금의 일을 그만두고 새로운 걸 시작하는 미래가 보였습니다. 그래서 각오를 굳혀보지만, 저녁에는 역시 상사분께 면목 없는 마음이 들고 현재의 직장에 남고 싶은 이유가 눈에 밟힙니다. 그런 갈등이 일주일 단위로도, 한 달 단위로도 일어났습니다. 생각은 복잡하게 뒤얽혔습니다.

어느 날 D는 개운한 표정으로 상담실에 왔습니다.

"정했어요. 회사를 그만두기로 했어요. 내일 상사께 사표를 내려고 합니다."

깜짝 놀랐습니다. 지난 상담에서는 뒤엉킨 전기 코드 같았던 D의 마음이 갑자기 말끔히 정리되었기 때문입니다. 물어봤더니 선배가 추천해준 책을 읽고 안개가 걷힌 듯이 고민이 사라졌다고 했습니다.

"인생은 한 번뿐. 고민하는 시간이 아깝다. 하고 싶은 일이 있다면 일단 움직여라."

그런 강력한 말이 쓰여 있었던 모양입니다.

"창업하기로 했어요. 딱히 다른 회사에서 일하고 싶은 건 아니니까요."

D는 말했습니다.

"구체적으로 뭔가 정해진 건가요?"

"아직 아무것도요."

이 대목에서 D는 목소리가 작아졌습니다. 부끄러운 듯한 표정이 순간적으로 엿보였습니다. 하지만 목소리는 금세 강해졌습니다.

"그래도 움직여야 할 것 같아서요. 일단 시작하지 않

으면 언제까지고 못 하는 경우도 있잖아요. 먼저 사표를 낼 거예요. 모든 건 그것부터예요."

D는 그다지 현실적이라고는 할 수 없는 장래의 계획을 당당하게 이야기했습니다. 마음이 고무되어 기분 좋아 보였습니다. 갑자기 표정이 바뀐 것은 상담 시간이 15분 남았을 때였습니다.

"상담도 이제 그만해도 될 것 같아요. 이미 결론을 내렸으니까요."

그 단호한 말투에 저는 당황했습니다. 모든 것이 너무나 갑작스러웠습니다.

어떻게 대응할 것인가. 중요한 국면이었습니다. 제가 잠자코 생각에 잠겨 있자 D는 순간 불안한 모습을 보였습니다. 개운했던 표정이 흐려지며 이렇게 물어왔습니다.

"그래서, 선생님은 어떻게 생각하세요?"

파워풀한 처방전이 D의 마음을 집어삼키려고 합니다. 분명 복잡할 마음이 단순해지려고 합니다. 그리고 마음 한구석으로는 그런 너무나 단순한 자신에게 불안을 느끼기도 합니다. 이럴 때가 보조선이 등장할 차례입니다. 마음을 여러 개로 다시 분할할 필요가 있습니다.

마음은 극장

'심리학'은 영어로 '사이콜로지psychology'입니다.

'사이키psyche'는 마음, '로고스logos'는 논리 또는 사고라는 뜻입니다. 사이키의 로고스라서 사이콜로지인 것이지요. 재미있는 건 사이키의 어원인 고대 그리스어 '프시케Psyche'에 '나비'라는 뜻이 있었다는 겁니다.

나비는 이쪽으로 팔랑팔랑, 저쪽으로 나풀나풀 날아가니 붙잡을 수가 없습니다. 붙들려고 해도 손가락 사이로 스르륵 빠져나갑니다. 고대 그리스인은 그런 나비를 보고 자신의 마음 같다고 생각했을 겁니다.

D의 마음도 그랬습니다. 그의 마음은 이직을 둘러싸고 형태를 계속 바꾸었습니다. 하지만 손전등으로 비추듯이 주의 깊게 살펴보면, 거기에는 단단한 구조가 있다는 사실을 알게

됩니다. 같은 생각이 계속 반복되었기 때문이지요.

D의 마음에는 두 가지 목소리가 존재했고, 그들은 교대로 나타났다 사라지고 있었습니다. 그때그때 다른 목소리가 말을 거니까 마음이 갈팡질팡하는 것처럼 보였지요.

그리스인에게는 미안하지만, 그렇다면 마음은 나비보다는 극장과 비슷하다고 할 수 있습니다. D의 마음에는 무대가 있는데, '이직해' 씨와 '그냥 있자' 씨가 공동 주연을 맡았습니다.

이직해 씨에게는 이직해 씨의 주장이 있고, 그냥 있자 씨에게도 그냥 있자 씨의 생각이 있었습니다. 그들의 이해관계가 일치하지 않아서 다툼이 벌어졌습니다. 이것이 D가 하는 갈등의 정체입니다.

양측의 역학 관계는 그때그때 달라집니다. 상사의 배려를 느끼면 "거 봐, 역시 여긴 좋은 곳이야" 하며 그냥 있자 씨의 목소리가 커집니다. 반대로 상사의 보수적인 자세를 접하면 "변변찮은 직장이야. 못 해먹겠군" 하고 이직해 씨의 발언권이 커집니다. 업무상 실수를 해서 자신감을 잃으면 그냥 있자 씨가 "안정이 최고야"라고 말하고, 큰 성과를 올리면 "난 더

잘할 수 있어"하고 이직해 씨가 우쭐거립니다. 무대 위의 드라마는 롤러코스터처럼 시시각각 장면을 바꾸었습니다.

고뇌란 그런 것입니다. 마음속 장면이 연신 바뀌니까 밖에서는 마치 나비처럼 붙잡을 수 없는 듯이 보이지요. 하지만 사실 무대는 변함없이 그곳에 있습니다. 드라마의 장면과 등장인물들의 관계가 바뀐다 해도요.

그날 상담에서 D의 마음속 미묘한 역학 관계는 힘센 처방전에 의해 붕괴되어 있었습니다. 처방전이 이직해 씨의 강력한 아군이 되어 그냥 있자 씨를 무대에서 내쫓았습니다. 그렇지만 그냥 있자 씨가 죽은 건 아닙니다. 그는 일단 무대 뒤로 모습을 감추었을 뿐, 다시 등장할 기회를 노리고 있습니다.

D는 상담 막바지에 "선생님은 어떻게 생각하세요?"라고 물었습니다. 그것은 무대 뒤로 밀려난 그냥 있자 씨가 간신히 쥐어짜낸 목소리였겠지요.

심리학이란 무엇인가

이런 마음속 드라마를 연구해온 학문이 심리학입니다.

정신분석, 융 심리학, 인지 행동 치료, 인간성 심리학 등, 서점에 가면 관련 서적이 줄줄이 꽂혀 있습니다. 그 책들은 저마다 마음이 어떻게 이루어져 있는지 이야기합니다.

정신분석이라면 '의식과 무의식', '자아·초자아·이드', 융 심리학이라면 '자아와 자기', '아니마와 아니무스', 다른 이론에서도 '자기 개념과 현실적 자기', '진짜 자신과 가짜 자신', '인지·행동·기분·신체', '시스템 1과 시스템 2' 등, 심리학 이론은 마음을 여러 개념으로 구분합니다.

각각의 개념은 내용은 다르지만 저마다 마음을 여러 개로 분할해 따로따로 이름을 붙였다는 점에서는 같습니다. 방금 D의 마음을 '이직해 씨'와 '그냥 있자 씨'로 분할한 것과 본질적으로는 똑같습니다.

마음은 여러 가지입니다. 이것이 심리학의 대전제이지요.

심리학은 보조선의 학문입니다. 다시 말해 심리학은 마음이 여러 명의 등장인물로 이루어져 있다는 사실을 밝히며, 그들이 어떤 관계를 맺고 있는지를 해명하는 학문이라고 할 수 있습니다.

이제 그중에서도 가장 기본적인 보조선을 그어보려고 합니다. 옛사람들이 개발해온 수많은 보조선들의 최대공약수 같은 보조선입니다. 강력한 처방전에 지나치게 감화되었을 때는 가장 기본적인 마음 분할법이 분명 도움이 됩니다.

그럼 해볼까요?

우리의 마음은 대체 무엇으로 이루어져 있을까요?

기분 좋게, 쓱쓱 보조선을 그어봅시다.

연기가 뭉게뭉게 피어오르더니 불쑥 뭔가가 나타납니다. 바로 '말과 기수'입니다.

말과 기수

마음에 보조선을 그으면 말과 기수가 나타납니다.

뜻대로 움직이지 않는 말과 그 말을 자기 뜻대로 부리고 싶은 기수. 이 둘이 밀고 당기며 당신의 마음을 꾸려나가고 있습니다.

딱 와닿는 예는 한겨울 아침 이불 속. 자명종이 울린 순간부터 말과 기수의 싸움이 시작됩니다. 말은 조금 더 자고 싶어 하고, 기수는 일어나서 아침 준비를 하고 싶어 합니다. 말이 기수에게 완승하면 다시 아늑한 잠의 세계로 빠져듭니다. 하지만 기수도 만만치 않습니다. '내 그럴 줄 알았지' 하며 다시 한번 10분 뒤로 자명종을 설정해두면 제2라운드가 시작됩니다.

말과 기수가 이른 아침 이불 속에서 싸우고 있습니다. 말은 당신 마음의 충동에 휘둘리는 부분입니다. 말은 현실을 무시하고 자신의 욕구를 충족시키려 합니다. 반면 기수는 당신 마음의 키를 조종하는 부분입니다. 현실을 파악하고 그에 맞춰 자신을 억제하는 것이 기수이지요.

여기에 있는 건 '컨트롤'이라는 관계입니다. 그 역학 관계는 여러 가지입니다. 예를 들어 말이 폭주해 기수가 떨어지려고 하는 경우가 있습니다. 그럴 때 마음의 극장은 로데오의 세계가 됩니다. 기수가 훈련을 너무 심하게 해서 말이 완전히 지쳐버리는 경우도 있겠지요. 말과 기수가 호흡을 맞춰 기분 좋게 앞으로 나아가는 경우도 있을 겁니다. 당신의 말과 기수는 어떻게 균형을 맞춰 하루하루를 살아가고 있나요?

처방전은 두 종류

아까 나온 처방선들을 떠올려보세요.

"긍정적으로 나아갑시다."

"뱃바닥을 살펴봐야 해요."

"스스로를 이겨내야 해."

"여하튼 움직여."

그들은 각각 이런 말을 하며 나아가야 할 항로를 비추고 있었습니다. 그때 '긍정' 처방선과 '스스로를 이기는' 처방선이 가리킨 것은 기수 편 처방전입니다. 그들은 부정적인 생각에 빠져 있거나 타성에 젖어 살아가는 말을 기수가 컨트롤하기를 권합니다.

반면 '뱃바닥' 처방선과 '움직여' 처방선은 말의 편입니다. 그들은 말을 발견하고, 존중하고, 말이 향하는 쪽으로 가라고 말했습니다.

그렇습니다. 세상에는 두 종류의 처방전이 있습니다. 밤의 항해 코너에 꽂혀 있는 책들도, 주위 사람들의 조언도, 인터넷에 넘쳐나는 명언도 기수 편 처방전과 말 편 처방전으로 나눌 수 있습니다. 그러니 다음과 같이 생각이 흘러가는 건 자연스러운 일이겠지요.

'기수가 지나치면 말 편 처방전이 필요해지고, 말이 지나치면 기수 편 처방전이 필요해진다.'

상식적이고 온당한 사고방식입니다. 대체로 맞는 말이라고 생각합니다. 하지만 이상한 일도 다 있지요. 실제로는 기수와 말 중 어느 처방전에 따른다 해도 결과적으로는 마음에 기수만 남게 됩니다. 어떻게 된 일일까요?

기수 편 처방전

얼마 전 SNS에서 어느 초등학교의 보건 공지가 화제에 올랐습니다. 거기에는 올바른 마스크 착용법, 균형 잡힌 영양소가 들어 있는 요리 등과 함께 '부글부글과 잘 지내기'라는 코너가 있었습니다. 읽어보니 아이들이 화를 조절할 때 쓸 수 있는 세 가지 방법이 적혀 있었습니다.

먼저 '숫자 세기'입니다. 울컥해서 폭력을 휘두르기 전에 자신을 진정시키려는 작전입니다. 다음은 '긍정적인 주문 외기'로, '괜찮아', '신경 안 쓸래' 하고 마음속으로 외치며 화를 가라앉히는 방법입니다. 마지막 '그 자리를 떠나기'에는 험담을 하는 듯한 친구의 그림이 그려져 있었고, 그들로부터 거리를 둘 것을 추천하고 있었습니다.

이들은 사실 '분노 조절anger management'이라고 불리는 심리학 기법입니다. 이름 그대로 분노를 스스로 조절하는 기술이지요. 그런 점에서는 이 보건 공지가 심리학 전문 지식에 근거한 질 높은 것이었다고 말할 수 있습니다.

하지만 약간의 위화감이 드는 것 또한 사실입니다. 반에서 누가 자기 험담을 하면 화가 치미는 것이 자연스러운 반응이니까요. 그럴 때는 억지로 마음속으로 숫자를 셀 것이 아니라 주위 어른에게 상담하는 편이 좋지 않을까요? 반 아이들을 엄하게 꾸짖고 험담하지 않도록 어떻게든 조치를 취해달라고 말해야 하지 않을까요?

요컨대 변해야 할 것은 그 아이가 아니라 환경이 아닌가 싶습니다. 그리고 문제를 해결해야 할 책임이 있는 사람은 그 아이가 아니라 어른들이고요.

"기수 파이팅!"

이런 메시지가 초등학생한테까지 처방되고 있습니다. 위화감의 정체는 이 부분에 있었습니다. 좀 가혹하지 않은가요?

잘 생각해보면 이 "기수 파이팅!"이라는 목소리는 우리 사회의 밑바닥에 반주처럼 깔려 있습니다.

학생일 때는 내내 "주체성을 가집시다"라는 말을 듣습니다. 스스로 계획을 세우고 실행할 수 있는 인간이 되기를 요구받습니다. 사회인이 되면 요구 수준이 더욱 높아집니다. 몸을 관리하고, 업무 진행 상황을 조정하고, 인간관계를 신경쓰고, 자신에게 투자해서 커리어를 설계해야 합니다.

요즘은 '종활終活'*이라는 말도 있을 정도니 인생의 마무리까지 능숙하게 컨트롤해야 하는 모양입니다. 기수의 정교한 자기 컨트롤. 이것이 바로 지금 사회가 우리에게 요구하는 논리입니다. 이 세상에는 기수 편 처방전이 넘쳐나고 있습니다.

---

* '인생을 잘 마무리하기 위해 죽음을 준비하는 활동'이라는 뜻의 신조어. 구직활동을 뜻하는 '취활(就活)'을 흉내 낸 말이다.

말 편 처방전

반대로 말 편 처방전은 기수의 컨트롤을 느슨하게 풀어서 말을 자유롭게 만들어주라고 권합니다. 흥미로운 사실은 기수 입장에서는 분명 애물단지였을 말이, 말 편 처방전에서는 180도 모습을 바꿔 인생에 좋은 것을 가져다주는 눈부신 존재로 여겨진다는 겁니다.

말에게는 확실히 빛나는 면도 있습니다.

슬럼프에 빠진 음악가가 간혹 일을 떠나 아무 생각 없이 요리나 산책을 할 때 새로운 멜로디가 떠오를 때가 있습니다. 이때 영감을 가져다준 것은 기수가 아니라 말입니다. 경영자나 기업인은 "인생은 단 한 번이니까"라며 말을 풀어놓는 것의 가치를 이야기합니다. 그렇게 위험을 감수해야 새로운 기회를 붙잡을 수 있다고 열정적으로 말합니다. 연애 또한 마찬가지일지도 모릅니다. 말한테 이끌려 사랑이 시작되고, 때로 말이 폭주함으로써 두 사람의 관계는 진전됩니다.

공통점은 '말이 새로운 것을 가져다준다'는 점입니다. 현실에 얽매이는 기수와는 달리, 쉽게 비현실적이 되는 말은 새로운 것에 대해 열려 있습니다. 말은 우리를 생각지도 못한 곳으로 데려가줍니다. 이건 분명 말의 근사한 면이지요.

하지만 부작용도 있습니다. 기수의 컨트롤을 느슨하게 푸는 것이니 현실이 불안정해지지요. 컨트롤이 잘 안 되는 부분이 늘어나면 위험도가 증가합니다. 당연한 일입니다.

실제로 말을 자유롭게 풀어주면 돈을 너무 많이 쓰거나 감정을 잘 제어하지 못해서 인간관계가 망가지는 등 여러 어려운 문제가 생깁니다.

연애를 할 때가 바로 그렇습니다. 좋아하는 사람이 생기면 마음이 하늘 높이 치솟았다가 땅으로 꺼지기를 반복해서, 나중에 떠올려보면 죽고 싶을 만큼 부끄러운 짓을 여러 차례 저질러버리지요. 그러니 말 편 처방전을 잘 읽어보면 실은 여기저기에 "기수 파이팅!" 하고 조그만 글씨로 덧붙여져 있다는 사실을 깨달을 겁니다.

왜, 방금 전에 '움직여' 처방선이 한 말도 그렇잖아요?

"생각하기 전에 움직여. 노를 들고 팔을 움직여. 단 한 순간도 쉬지 마. 실패하면 가장 빠른 속도로 개선해!"

잘 읽어보면 처음 한 마디는 말 편이지만 두 번째부터는 기수에게 보내는 메시지가 섞여 있고, 마지막 문장은 완전히 기수 편입니다. 처방선도 잘 아는 겁니다. 말을 해방시키면 리스크가 커지니까, 그 뒤처리는 기수가 죽을 둥 살 둥 해야 한다는 사실을요.

실제로 자유분방해 보이는 예술가나 기업인도 직접 만나 보면 대단한 노력가이거나 아주 세세한 부분까지 신경 쓰는 성격인 경우가 드물지 않습니다.

분명 말 편을 들어주고 있었는데 결론은 '기수 파이팅!'이 되어버립니다. 어째서 기수 편을 들어도, 말 편을 들어도 결국 우리의 마음은 기수로 가득해지는 걸까요. 그건 지금 우리가 조각배로 항해할 수밖에 없는 시대를 살아가고 있기 때문입니다.

사회의 조각배화

다시 말해 '사회의 조각배화'가 이루어졌다는 뜻입니다.

예전에는 달랐습니다. 우리는 커다란 배를 타고 모두 함께 항해했습니다.

'부족'이나 '친족', '부락', '사회' 등 시대별로 배의 형태는 다르지만 인류는 그곳의 선원이 되도록 프로그래밍된 동물일 겁니다. 인류의 조상인 원숭이들은 아직도 무리를 지어 생활하고 있지요.

답답한 부분도 있었을 테고, 부자유스러운 부분도 있었겠지요. 하지만 무슨 사고가 일어났을 때는 모두 함께 책임을 공유하고 해결해나갈 수 있었습니다. 큰 배란 취약한 개인을 보조해 서로 돕는 시스템이었던 것입니다.

시대가 흐르며 사람들은 조금씩 큰 배를 떠나 조각배로 항해하게 되었습니다. 맨 처음 조각배가 되려고 했던 것은 큰 배의 답답함에서 벗어나고 싶은 소수의 사람들뿐이었습니다. 자유로워지기를 소망하며 그렇게 살아가기로 도전한 사람들이 있었습니다. 그 흐름은 많은 사람들을 휩쓸었습니다. 지금은 바라건 바라지 않건 간에 누구나 조각배로 사회에 내던져지게 되었습니다.

조각배는 위험합니다. 작은 파도나 약간의 바람에도 선체는 흔들리고, 심할 때는 배가 뒤집히고 맙니다. 키를 조금만 잘못 잡아도 돌이킬 수 없는 곳까지 떠내려갑니다. 무엇보다 위험한 점은 그렇게 되어버렸을 때의 위험과 책임을 모두 홀로 짊어져야 한다는 겁니다. 그 누구도 대신해줄 수 없습니다.

조각배로 항해하는 이상 외부 세계를 향해 센서를 켜고 위험도를 파악해서, 그것들을 하나하나 회피해나갈 필요가 있습니다. 기수의 실패는 죽느냐 사느냐 하는 문제가 되므로 잠시도 방심할 수 없습니다.

현대의 요구와 임상 심리사

개인적인 생각으로는 사회의 조각배화가 과도하게 이루어진 것 같습니다. 자기 책임이 너무나 무거워져서 실패하면 전부 본인 탓이 되고 맙니다.

다시 일어서기는 쉽지 않고, 위험을 관리하는 데에 자신이 가진 자원을 지나치게 빼앗기고 있습니다. 조각배화가 우리를 자유롭게 만들었지만, 사실 우리는 오히려 부자유스러워진 게 아닐까 하는 생각이 드는 이유입니다.

보다 더 조각배를 보호하도록 사회의 설계를 바꾸는 편이 좋겠지요. 그렇지만 저는 혁명가도 정치가도 아니고 사회 사상가도 아닙니다. 임상 심리사에 불과하지요. 사회가 바뀌기를 기다릴 수는 없습니다. 저의 일은 눈앞의 내담자가 지금 현재의 사회에서 어떻게 살아갈지 생각하는 것입니다.

지금까지 말 편을 드는 것에 대해 다소 부정적으로 이야기해왔지만, 실제로 저는 말 편에 선 상담을 꽤 많이 합니다. 그럴 때 저는 기수의 역할을 일시적으로 대신 맡거나 환경 조정을 하면서 어떻게 하면 불안이 사그라들지, 부정적인 생각을 어떻게 다루면 좋을지, 요컨대 기수가 말을 어떻게 제어할지에 대해 내담자와 이야기를 나눕니다.

말이 폭주해서 곤란에 빠진 내담자에게는 기수 편을 드는 상담이 도움이 됩니다. 조각배로 변해가는 사회에서는 어느 정도 스스로 자신을 컨트롤하는 것이 살아가기 편합니다.

시대의 요구에 따른다. 이 역시 임상 심리사의 중요한 업무입니다. 하지만 그것만이 전부는 아니지요. 임상 심리사는 또한 시대의 요구와는 다른 삶의 방식에도 열려 있어야 합니다. 기수 편을 드는 사회에 과도하게 적응한 결과, 기수에게 얽매여 괴로워하는 내담자들도 있기 때문입니다. 그들의 말은 비명을 지르고 있습니다.

여기서 어려운 부분은 그들은 자신이 괴로운 이유를 기수가 부족한 탓으로 돌린다는 겁니다. 지나친 컨트롤이 문제인데도 컨트롤이 부족하다고 스스로를 나무라고, 보다 강력하게 컨트롤할 수 있기를 바라며 그들은 상담실에 옵니다.

기수를 좀 더.

그들은 그렇게 호소합니다. 정말 필요한 것은 말의 목소리를 듣는 것인데도요. 그래서 보조선을 긋습니다. 마음을 분할함으로써 내담자가 상상조차 할 수 없어진 말의 목소리를 발견하기 위해서요.

여기에서 D의 상담으로 되돌아가보겠습니다. D의 말은 무엇을 생각하고 무엇을 바랐을까요?

D의 경우

"그래서, 선생님은 어떻게 생각하세요?"

중요한 질문이었습니다. 회사도 상담도 다 그만두려고 하는 D의 내면에 다른 목소리가 울려 퍼지고 있었으니까요. 이건 누구의 목소리일까요. 저는 시간을 들여 생각을 정리한 뒤에 말했습니다.

"전에도 이직하려는 당신이랑 현재 상태를 유지하려는 당신이 있다는 걸 이야기해왔지요."

D는 고개를 끄덕였습니다.

"이직해 씨와 그냥 있자 씨 말이죠?"

"맞아요, 그 둘. 이직해 씨가 말이라면 그냥 있자 씨는 기수겠지요. 여태까지는 말이 멋대로 달려 나가려고 하는 것을 기수가 고삐를 잡고 멈춰왔습니다. 이것이 당신의 갈등이었죠."

"네."

"하지만 지금은 말의 기세가 강해져서 기수의 고삐를 잡아떼려고 하는 모양이네요. 이직해 씨가 그냥 있자 씨를 떨어트릴 것 같아요. 그것에 불안해진 그냥 있자 씨가 저에게 의견을 구하고 있는 게 아닐까요?"

처방전으로 인해 말이 폭주해서, 궁지에 몰린 기수가 도움을 요청합니다. 그래서 D는 저에게 어떻게 생각하느냐고 물었습니다. 그것이 제 생각이었습니다. 하지만 D는 납득이 되지 않는다는 표정이었습니다. 얼굴을 찌푸리며 할 말을 찾고 있었습니다. 이번에는 제가 D의 대답을 기다릴 차례였습니다. 잠시 후 D가 말을 꺼냈습니다.

"그럴 수도 있지만…" 하며 다음 말을 고민합니다.

"창업하고 싶다는 건 말이 하게 만든 생각일까요?"

타당한 의문이었습니다.

"조금 더 이야기를 나눌 수 있을까요?"

"아니, 왠지 현실을 생각하면 창업 자체는 틀리지 않은 것 같아서요."

"그런가요?"

"결국 상사는 제가 하고자 하는 일을 이해하지 못할 거예요. 직장의 지금 구조가 바뀌지 않는 이상 어쩔 수 없지요. 압니다. 그래서 창업이라는 선택지 자체는 현실적으로 낼 수 있다고 생각합니다."

확실히 그렇습니다. D의 회사는 심하게 보수적이었고, 상사 역시 보수적인 사람이었습니다. 그리고 보수적이 될 수밖에 없는 사회적 상황이 있었습니다. 그런 현실은 저도 이해하고 있었습니다. 그렇기 때문에 D의 장래 커리어를 진지하게 고려하면 창업은 가능성 있는 이야기였습니다. D에게는 그만한 기술과 경험이 실제로 있었던 것이지요.

하지만 D의 결단이 너무나 급격한 것도 사실이었습니다. 앞뒤 가리지 않는 창업. 저는 그렇게 생각할 수밖에 없었습니다. 말과 기수가 뒤섞였습니다. 저는 무언가를 간과하고 있었습니다. 그것이 무엇인지 생각해야 했습니다.

복잡한 이직해 씨

문득 D가 지금까지 살아온 인생이 떠올랐습니다.

D는 고생을 많이 한 사람이었습니다. 어머니만 있는 한부모 가정에서 자란 D는 일찍부터 집을 나와 혼자 살아왔습니다.

집을 나온 건 첫 대학 입시에 실패해 재수 생활을 하던 무렵이었습니다. D는 집을 나와 숙식이 제공되는 일터에서 일하기 시작했습니다. 3년 정도 그런 생활을 계속한 뒤 굳게 마음을 먹고 대학에 들어갔고, 일하면서 대학을 졸업해 지금의 회사에 취직했습니다.

D는 전에도 인생을 급격하게 바꾸려고 한 적이 있었던 겁니다. 거기에는 어머니와의 어려운 관계가 있었습니다. D는 홀몸으로 자신을 키워준 어머니에 대한 깊은 감사의 마음을 가지고 있었습니다. 그래서 어린 시절부터 어머니의 기대에 계속 부응해왔습니다. D는 어머니의 자랑스러운 아들이었습니다.

두 사람 사이에 금이 간 건 대학 입시 때문이었습니다. 어머니는 이혼한 전남편처럼 D가 법학부에 들어가 법률가가 되기를 바랐습니다. 전남편에게 여봐란 듯 보여주고픈 마음이 있었는지도 모릅니다. 문제는 D가 법률에 전혀 흥미가 없었다는 점입니다. 그는 엔지니어가 되고 싶었습니다. 그것은 어머니와의 사이에서 처음으로 생긴 골이었습니다. 그리고 D는 그 골을 어떻게 메워야 할지 몰랐습니다.

공부에 집중하지 못한 탓에 첫 번째 입시는 결국 실패했고, 재수 생활에 들어갔습니다. 하지만 재수를 하면서도 여전히 D는 어머니를 마주하고 이야기를 나눌 수 없었습니다. 자신의 선택을 이해받지 못하리라 생각했고, 다른 마음을 가지고 있는 것 자체가 어머니를 상처 입히는 듯했기 때문입니다. '어머니를 배신할 수는 없어.' D는 그렇게 생각했습니다.

그렇다고 해서 법학부를 목표로 공부할 의욕은 역시 솟아나지 않았습니다. 기분이 가라앉아 허송세월을 보내는 나날이 이어졌습니다. D의 인생은 앞길이 가로막혔습니다. 어떻게도 할 수 없어진 D는 어느 날 갑자기 집을 뛰쳐나왔습니다. 어머니에게 아무런 설명도 하지 않고, 편지 한 장만 남긴 채 가출한 것입니다. 어차피 이해받을 수 없어. 그렇다면 나 혼자 해결할 거야. D가 급격하게 삶의 방식을 바꾸려고 하는 건 그럴 때였습니다.

"확실히 재수할 때도 그랬네요."

D는 말했습니다.

"그때도 갑작스러운 결단이었죠."

"아."

D는 뜨끔한 얼굴로 한동안 침묵했습니다.

"분명 비슷한 경우인지도 몰라요."

"어차피 이해받지 못할 것 같으면, 당신의 기수는 혼자서 결단을 내리는군요."

"절대 이해받지 못할 거라고 생각해서 그랬던 것 같아요."

반응이 왔습니다. 그래서 저는 이야기를 이어갔습니다.

"말은 알아주기를 바랍니다. 하지만 그렇게 생각하고 있는 건 힘드니까 기수가 갑작스러운 결단을 내리지요."

"이직해 씨는 아마 복잡할 거예요."

"그렇겠죠."

D의 마음속 극장에는 이직해 씨와 그냥 있자 씨가 있었습니다. 전자는 말이고 후자는 기수. 저는 그렇게 느꼈습니다.

실제로는 이직해 씨 안에도 말과 기수가 있겠지요. '상사는 어차피 나를 이해해주지 않아'라고 생각하며 상처받은 말과 그 아픔을 느끼지 않기 위해 달아나듯 창업하려고 하는 기수가. 파악하기 힘든 이야기이지만 어쩔 수 없습니다. 말과 기수는 복잡하게 뒤얽혀 있습니다. 그렇다면 "선생님은 어떻게 생각하세요?"라는 건 역시 말의 목소리였지 않을까요. 그 목소리는 저에게 알아달라고 호소하고 있었던 게 아닐까요?

거기까지 생각하고 깨달았습니다. 눈앞에 있었는데도 보이지 않던 연결이 보였습니다. D는 어머니에게 묻지 못했던 걸 저에게 물었던 겁니다.

드라마는 반복된다

"상담을 그만하겠다는 것도 그런 마음이었을 수 있겠군요."

저는 말했습니다.

"무슨 뜻인가요?"

"창업하겠다는 거, 실은 전부터 쭉 생각하고 있었지요?"

"그랬죠."

D는 겸연쩍은 듯이 대답했습니다.

"저는 당신의 커리어에 대해 지금까지 계속 보수적으로 말했죠."

"그럴지도 몰라요."

임상 심리사로서 저는 가급적 D가 안전하게 살아가기를 바랐습니다. 그래서 자칫 불리하게 작용할 수 있는 많은 커리어에 대해 신중한 태도를 취했던 것도 사실입니다.

"음, 그래서 창업 이야기는 어차피 저한테 이해받지 못할 거라고 생각하셨던 것 같아요."

D는 말을 머뭇거렸습니다.

"터무니없는 소리를 한다며 어이없어 하실 것 같았어요."

창업뿐만은 아니었겠지요. 이해받고 싶지만 그럴 수 있을 것 같지 않다. 그래서 뛰쳐나간다. 이것이 D의 마음속 극장에서 반복되는 드라마였습니다.

그 드라마는 어머니와의 사이에서 일어났고, 상사와의 사이에서 일어났고, 그리고 저와의 사이에서도 일어났습니다. 그렇다면 해야 할 일은 명확합니다.

계속해서 리메이크되는 드라마의 각본을 알면, 늘 똑같은 결말이 어떻게 바뀌면 좋을지 보입니다. 필요한 건 이야기를 나누는 일입니다. 이해받지 못할 수도 있는 사안을 들고 타자에게 부딪쳐보는 것. 혼자서 전부 결단을 내리는 게 아니라 끈기 있게 타자와 함께 결정해나가는 것.

"조금 더 시간을 들여보지 않으실래요?"

제가 말했습니다.

"일이든 상담이든 그만둘 때까지 서로 이야기를 나눠서 제대로 준비하는 것. 그것이 지금까지 당신이 하지 못했던 일 아닌가요?"

그렇게 해서 주변 사람들의 서포트를 얻은 후에 다음 세계로 뛰어드는 편이 좋지 않겠는가. 그렇게 말하고 저는 덧붙였습니다.

"또 보수적인 소리를 하는 건지도 모르지만요."

D는 조금 웃었습니다.

"확실히 보수적이네요. 그런데 숙식 제공 업체에서 일했을 때는 많이 힘들었거든요."

D의 말馬이 너무 솔직해서 저도 웃어버렸습니다.

그 후 D는 자신의 미래를 위해 시간을 들였습니다. 상사를 포함한 여러 사람들과 이야기를 나누고 솔직하게 생각을 전해 응답을 받을 수 있었습니다. 그렇게 D는 인생을 앞으로 전진시키기 위한 준비를 진행했습니다.

그러자 놀랍게도 상사는 부업을 인정해줬습니다. 1년 뒤의 일입니다. 그리하여 D는 사원이 자기밖에 없고 주말에만 가동하는 작디작은 회사를 차리게 되었습니다. D는 큰 배에 소속된 동시에 조각배로도 항해를 시작하게 된 것입니다.

말의 목소리를 들어라

이야기가 조금 길어졌군요. 복습을 해보지요.

마음에 보조선을 그었더니 기수와 말로 나뉘었습니다. 그 둘은 컨트롤이라는 관계로 묶여 있습니다. 기수는 현실을 파악하고 위험을 회피하기 위해 자신의 키를 조종합니다. 기수가 잘 움직일 때 우리는 사회생활을 적절히 수행할 수 있습니다.

반면 말은 현실을 무시하고 충동에 따라 마음을 움직입니다. 말은 리스크를 증대시키는 애물단지인 동시에 인생에 새로운 것을 가져다주는 눈부신 존재이기도 합니다. 기수는 말을 컨트롤하려고 하는데, 잘될 때도 있고 잘 안될 때도 있습니다. 이것이 보조선을 그으면 보이는 마음의 구조입니다.

이뿐만이 아닙니다. 기수의 눈에는 잘 안 보이지만 말에게는 또 하나 중요한 역할이 있습니다. 바로 그것이 D의 마음에서 일어난 일입니다.

말은 우리 마음의 상처 입은 부분입니다. 마음에는 좀처럼 아물지 않는 상처가 있고, 거기에는 아픔이 있습니다. 말은 아픔에 의해 움직입니다. 그 아픔을 누군가를 통해 어떻게든 치료하려고 합니다.

그렇습니다. 말은 타자를 갈구합니다. '말이 맞는다(馬が合う)'*라는 표현이 '마음이 맞는다'라는 뜻으로 쓰이듯이, 사람과 사람을 연결하는 것은 기수의 강함이 아니라 말의 약함입

---

* 말과 그것을 탄 사람의 호흡이 딱 맞는다는 뜻에서 나온 일본어 관용구.

니다.

이것이 조각배로 변해가는 사회에서 잃어버리기 쉬운 부분입니다. 우리는 지금, 자신을 컨트롤할 수 있는 자립적인 인간으로 지내는 것을 '좋은 삶의 방식'으로 보는 사회에서 살아가고 있습니다. 말처럼 타자를 갈구하는 의존적인 부분은 나쁘게 여겨지기 쉽습니다.

실제로 그건 일리 있는 생각입니다. 타자는 자신이 컨트롤할 수 없는 존재이므로 기수 입장에서는 위험 그 자체이지요. 가능한 한 타자에게 기대지 않는 편이 컨트롤을 철저하게 할 수 있습니다. 하지만 여기에는 덫이 있습니다. 마음이 기수로 가득하면 우리는 고독해집니다. 그러니 역시 조금은 말의 목소리도 듣는 편이 좋습니다.

자, 마음에 보조선을 잘 그으셨나요?

아직 서툴러도 괜찮습니다. 점점 익숙해질 테니까요. 느긋하게 나아갑시다.

그런데, 혹시 눈치채셨나요?

아까부터 당신 조각배의 뱃머리 근처에서 어떤 하얀 물체가 날아다니고 있어요.

봐요, 거기예요. 손전등으로 비춰보세요.

나비. 하얀 나비가 팔랑팔랑 날아다니고 있네요. 나비니까 분명 어딘가의 육지를 향해 날아가고 있겠지요. 따라가보지 않겠어요? 딱히 다른 단서도 없으니까요.

당신 곁에는 이미 두 개의 보조선이 있을 겁니다. '처방선과 보조선', '말과 기수'이지요. 이들을 노 대신 사용해서 조각배를 저어보세요.

오, 괜찮네요. 맞습니다, 그런 식으로요.

'캐치 로catch row, 캐치 로'의 리듬으로 노를 저으세요.

앞으로 나아갑시다.

지금은 하얀 나비가 가는 방향이 '앞쪽'입니다.

3

인생은 여러 가지

: 일하기와 사랑하기

휴우, 기진맥진하네요.

기수에게 죽을 만큼 일을 시켰어요. 하얀 나비를 쫓아 조각배를 계속 저어왔지요. 이제 젓가락 들 힘도 없군요. 도중에 바닷물에 떠밀려 나비를 놓칠 뻔했을 때는 심장이 덜컥 내려앉았답니다. 당신의 기수가 나비의 행방을 추적하고 있었던 덕분에 살았지만, 저 혼자였다면 밤바다 한복판에서 길을 잃었을 거예요.

이래서야 어느 쪽이 보조함인지 모르겠네요. 하지만 그만한 가치는 있었습니다. 봐요, 섬이 보이네요. 육지입니다. 해냈군요. 저기까지 가면 분명 무언가 새로운 단서가 있겠지요.

일단 저 섬으로 갑시다. 다행히 순풍이 불고 있어요. 진행 방향이 틀어지지 않는지만 신경 쓰면서 잠시 손을 멈춥시다. 최소한의 기수만 남겨두고 느긋하게 말의 시간을 즐겨보자고요.

어떻게 쉬어야 할지 모른다

'느긋하게 말의 시간을 즐기라고? 그런 소리를 들어봤자…'

혹시 이렇게 생각하시지 않았나요?

일하면 쉰다. 인간이 살아가는 데 있어서 당연한 리듬이지만 의외로 어렵습니다. 가령 갑자기 시간이 비었을 때. 낮잠이라도 자면 좋을 텐데 '시간을 낭비하고 있지 않아?', '게으름 피우고 있는 거 아니야?' 하는 목소리가 머릿속에 울려 퍼져서, 지금 꼭 하지 않아도 되는 업무나 집안일을 해버립니다. 평소 일을 너무 많이 해서 휴식이 필요한 사람일수록 그렇게 되기 쉽습니다. 어떻게 하면 쉴 수 있는지 전혀 모르게 되지요.

잘 쉬려면 변신이 필요할 겁니다. 다시 말해 일할 때와 쉴 때는 각각 다른 자신이 되어야 한다는 겁니다.

그렇지요? 회사에서 정기 회의를 할 때는 말이 애물단지일 수도 있지만, 허물없는 친구와 추억 이야기를 할 때는 다름 아닌 말이 주인공입니다. 각 장면에 맞춰서 말과 기수의 밸런스를 능숙하게 바꿀 필요가 있습니다.

제대로 변신하지 못하면 쉬는 시간이 휴식이 아니게 됩니다. 말과 기수가 어떻게 균형을 잡으면 좋을까. 사실 이에 대해 보다 구체적으로 생각하기 위해서는, 그 둘이 인생의 어떤 장면에서 최적의 균형을 이루는지 살펴볼 필요가 있습니다. 왜냐하면 당신 안에는 여러 개의 인생이 있기 때문이지요.

인생에는 다양한 장면이 있고, 거기에는 각각 다른 당신이 살고 있습니다. 인생은 여러 가지입니다. 마음을 분할하는 보조선은 인생을 분할하는 보조선으로 보충해야 합니다.

자, 새로운 보조선의 등장입니다.

섬에 도착할 때까지 텅 비어 있는 시간. 이 기회에 당신과 그런 수다를 떨어보고 싶네요. 느긋하게 쉴 때는 허물없는 수다가 최고니까요.

우선은 한 여성의 이야기부터 시작해보지요. 그분은 그야말로 쉬지를 못하는 사람이었습니다. 이름은 일단 'K'라고 해둡시다. 그 무렵 K는 아직 30대 중반이었습니다. K가 처음 상담실에 온 것은 장대비가 쏟아지던 날이었습니다. 아침부터 주룩주룩 비가 계속 내려서 습도가 몹시 높았던 여름날 오후, 상담실 벨이 울렸습니다.

PDCA의 사람

현관문을 열자 K는 비닐우산에 묻은 빗방울을 털어 내고 있었습니다. 고상한 회색 바지 정장 군데군데에 얼룩이 생겼고 머리카락도 비에 젖어 있었습니다. 제가 "수건 빌려드릴까요?" 하고 묻자, K는 괜찮다며 거절 하고는 가방에서 자신의 손수건을 꺼냈습니다.

외국계 컨설팅 기업의 관리자로서 경력을 쌓아온 K의 문제는 불면증이었습니다.

"잠을 잘 못 자요."

K는 그렇게 이야기한 뒤 자신의 상황을 넘치지도 모 자라지도 않게 객관적으로 설명했습니다. 그런 다음 이 렇게 말하더군요.

"귀 상담실의 도움을 얻고자 합니다."

K의 말투에는 묘한 구석이 있었습니다. 과도하리만치 정중했던 겁니다. 그것은 흡사 거래처와 미팅을 할 때 쓰 는 말투 같아서 상담에는 어울리지 않게 느껴졌습니다. 저는 사실 조금 불편했습니다. 하지만 이야기를 자세히 듣다 보니 조금씩 그 묘함의 정체가 파악되었습니다. K

의 마음은 비즈니스로 도배되어 있었던 것입니다.

K의 생활은 PDCA 사이클로 가득했습니다. PDCA란 계획을 세우고(Plan) 실행해서(Do) 그 결과를 확인하고 (Check) 개선하는(Action) 비즈니스의 방식입니다.

업무 중에는 당연히 정밀한 PDCA 사이클이 돌아갔 습니다. K는 착실하게 성과를 내는 우수한 비즈니스 우 먼이었습니다. 하지만 그뿐만이 아니었습니다. 업무 외 적으로도 K의 PDCA 사이클은 계속 돌아가고 있었습니 다. 아침밥으로 뭘 먹을까, 휴식 시간에 뭘 할까, 퇴근하 면 누구를 만날까. 그런 것에까지 K는 효율성과 생산성 을 추구했습니다. 무엇을 하고 무엇을 하지 않을 것인 가, 한다면 어떤 방식으로 착수할 것인가. 만사를 '업무 에 얼마나 도움이 되는가?'라는 관점으로 평가해 그 퀄 리티의 향상을 지향했던 것입니다.

또 하나, K가 모든 인간관계를 기브 앤드 테이크give and take의 거래라고 생각했던 것도 특이했습니다. 상대가 바라는 것을 제공한다. 니즈를 충족시킨다. 그래야 비 로소 상대가 자신에게 호의를 품고 좋은 것으로 갚아준다. 이것이 K의 신념이었습니다.

그래서 직장 동료나 거래처 사람은 물론, 가족과 친구를 포함한 모든 인간관계에서 K는 정중하고 배려심 깊었으며 상대를 결코 상처 입히지 않는 인물이었습니다. 마치 5성급 호텔의 지배인처럼 누구에게도 싫은 기분을 안겨주지 않도록 철저하게 신경 썼습니다. 저 역시 K와 이야기를 나누면 기분이 좋았습니다. 분명 평소의 업무에서도 이런 식으로 정중하게 행동해 높은 평가를 받겠구나 싶었습니다.

업무에서 성과를 올리기 위해 모든 시간을 투자하다 보니 온갖 인간관계가 비즈니스 파트너와의 만남처럼 변했습니다. 인생이 비즈니스로 도배되었다는 건 그런 뜻입니다. K는 '자신'이라는 기업을 경영하는 CEO 같았습니다. 실제로 K에게는 창업해서 자신의 회사를 경영한다는 목표가 있었으니 그 느낌이 틀리지는 않았을 겁니다.

그리고 그것은 현실적으로 성공하고 있었습니다. K는 우수했고, 무엇보다 철저했습니다. 업무 실적은 쌓여갔고 넓은 인맥과 신뢰가 충분하게 구축되었습니다. 그리고 드디어 창업을 결단하려는 타이밍에 상담을 받으러 온 것입니다. 불면증만 해결하면 자신은 더욱 뛰어난 성과를 얻게 될 거라고 생각했습니다.

K의 불면증은 역사가 깊었습니다. 중학생 무렵부터 시작되어 사회인이 된 뒤로는 만성적인 불면 상태에 빠졌습니다. 물론 K는 갖은 방법을 다 써봤습니다. 침구는 최고급 제품이었고 아로마나 허브티 등 수면 상품에 관한 지식은 프로 못지않았습니다. 좋은 수면을 갈구하며 뭘 하면 얼마나 오래 잠들 수 있었는지 혹은 잠들지 못했는지를 엑셀 파일에 표로 정리했고 이사도 몇 번이나 했습니다. 수면에 대해서도 PDCA 시스템을 돌리고 있었던 것입니다.

그래도 잠들지 못했습니다.

잠들지 못하는 시간 동안 K는 매우 불안해졌습니다. 온갖 것을 자기 뜻대로 컨트롤하며 살아왔는데 수면만큼은 제어할 수 없었던 겁니다. 그러자 자신이 완전히 무력하게 느껴졌고, 앞으로 나쁜 일이 수두룩하게 일어날 것만 같았습니다.

K에게 밤은 고립무원의 신세가 되어 위험으로 둘러싸이는 듯한 두려운 시간이었습니다. 오늘 역시 못 잘지도 몰라. 그런 생각이 스치기만 해도 인생이 파멸하는 게 아닐까 하는 불안에 시달렸습니다.

K의 진짜 문제는 불면증이 아니라 불안이었다고 할 수 있습니다. 강렬한 불안이 K의 마음 밑바닥에서 꿈틀거리고 있었습니다. 이것을 어떻게든 해결해야겠군. 저는 그렇게 생각했습니다.

그렇다고는 해도 K가 바라는 건 잘 수 있는 방법이었습니다. K는 여하튼 불면증만 없어지면 문제가 전부 해결되리라 여겼고, 자기 안의 불안에 대해서는 별로 생각하고 싶어 하지 않는 기색이었습니다.

"그렇다면 병원에서 수면제를 처방받는 것이 가장 빠른 방법일 거예요."

저는 그렇게 제안했지만 K는 수면제만큼은 완고하게 거부했습니다.

"저는 한번 약에 기대면 빠져나올 수 없을 겁니다. 제

힘으로 잘 수 있게 되고 싶어요. 수면 문제만 개선되면 저의 생산성은 더 높아질 거예요. 그러려면 귀 상담실의 도움이 필요합니다."

K는 그렇게 말하고 깊게 머리를 숙였습니다. 완벽한 비즈니스 매너에 준한 아름다운 인사였습니다. 창밖에는 여전히 비가 쏟아져 내리고 있었습니다.

심플한 인생

극단적인 사람이라고 생각하실지도 모르겠습니다. 확실히 이렇게까지 철저한 사람은 흔치 않지요. 그렇다고 진짜 특이한 사람인가 하면, 그렇지는 않습니다. 저한테도 그런 면이 있고, 당신한테도 많든 적든 K처럼 살아가는 면이 있을지도 모릅니다.

K는 기수 편의 사람입니다. K는 일상의 온갖 일들을 철저하게 컨트롤하려 했고, 수면 문제를 제외하면 그것에 성공했습니다. 또한 이에 만족하지 않고 보다 정밀하게 컨트롤하기 위해 밤낮으로 개선을 거듭했습니다.

　명백하게 기수 과잉이지만, '기수의 컨트롤을 느슨하게 풀어서 말을 자유롭게 해주는 편이 좋다'라는 단순한 처방전으로 반드시 문제에 대응할 수 있는 것만은 아닙니다. 외국계 컨설팅 기업의 관리자였던 K에게 기수의 과도한 컨트롤은 커리어를 성공으로 이끌어온 요소이기도 했기 때문입니다. 컨트롤하는 것. 그것이야말로 K가 하는 일의 핵심이었습니다.

　K의 문제는 모든 시간이 업무 모드로 돌아가는 것이었다고도 말할 수 있습니다. K의 인생은 비즈니스의 방식으로 도배되어서 비즈니스 이외의 것이 파고들 여지가 없었습니다. 인생이 지나치게 심플해져 있었던 것입니다.

　여기가 보조선을 그을 곳입니다. 인생이 하나로만 이루어지는 것은 너무 딱딱하고 위험합니다. 그러니 암반처럼 굳어진 K의 인생에(그리고 당신의 인생에도) 보조선을 긋고 싶습니다.

　우리의 인생은 대체 무엇으로 이루어져 있을까요?

　기분 좋게, 쓱쓱 보조선을 그어봅시다.

　연기가 뭉게뭉게 피어오르더니 불쑥 뭔가가 나타납니다. 바로 '일하기와 사랑하기'입니다.

'일하기'와 '사랑하기'

우리의 인생을 딱 둘로 나누면 '일하기'와 '사랑하기'가 나타납니다.

사실 이건 심층 심리학자 프로이트의 말입니다. "어른으로서 못 하면 안 되는 것은 무엇인가?"라는 질문을 받았을 때, 프로이트는 "일하기와 사랑하기"라고 대답했지요. 벌써 100년 가까이 지난 일입니다.

'일하기'는 그렇다 쳐도 '사랑하기'라니, 로맨틱하지만 한편으로는 설교 같기도 합니다. 어쩌면 '회사 생활과 개인 생활'이나 '워크 앤드 라이프' 같은 요즘 스타일의 쿨한 단어를 쓰는 편이 좋았을지도 모르겠네요. 하지만 이것을 굳이 '사랑하기'라고 표현한 데서 프로이트의 깊은 통찰력을 엿볼 수 있습니다.

'하기'와 '있기'

'일하기'라는 말에는 넓은 의미가 있습니다. 이 말이 이른 바 '노동' 이상의 것을 포함하고 있다는 점이 중요합니다. 봉사활동으로 하는 바닷가 청소도 '일하기'이고, 부모의 부탁으로 마트에 물건을 사러 간 아이도 당연히 '일꾼'이라 여겨야 합니다. 바로 이 부분이 '일하기'가 '업무'나 '워크'보다 더 깊은 의미를 지니고 있는 이유입니다. 이는 돈을 받고 안 받고와는 전혀 관계가 없습니다.

우리의 일상에서는 갖가지 태스크task가 생겨납니다. 거래처 미팅을 위한 서류 작성이나 저녁 식사 준비, 동네 시 짓기 모임 관련 잡무, 아파트 주민 자치 모임의 대표 회의 등이지요. 돈을 받을 수 있는 것도 있지만 그렇지 않은 것도 있습니다. 이처럼 누군가가 하지 않으면 시스템이 멈춰버리는 태스크가 무한히 존재하며, 그것들을 하나씩 해치워나가는 게 우리의 인생입니다.

어떤 목적이 있어서 그 목적을 달성하기 위해 '하는 것', 이것이 '일하기'입니다. 반면 '사랑하기'의 목적은 '사랑하기' 그 자체입니다.

이를테면 연인을 만날 때의 목적은 만나는 것 그 자체이지요. 두 사람이 기업을 매수하기 위해 만난다면, 파트너는 파트너이지만 비즈니스 파트너이므로 '일하기' 상자에 넣는 편이 좋습니다. 용건도 없는데 만나고 필요도 없는데 메시지를 주고받는 것이 연인 사이입니다.

친구나 가족과의 관계도, 취미 활동 시간도 마찬가지입니다. 그것은 목적을 달성하기 위해 존재한다기보다 그 자체가 목적이 됩니다. 아이를 프로 야구 선수로 만들기 위해 가족을 결성하는 경우는 별로 없습니다. 축구를 하는 이유는 축구가 재미있기 때문이며, 케이팝을 듣는 이유는 케이팝이 좋기 때문입니다.

죽은 이와의 관계는 '사랑하기' 중에서도 으뜸입니다. 세상을 떠난 소중한 사람을 그리워하는 것은 '소원 이뤄달라고 하기'나 '재앙 쫓아버리기'와 같은 목적이 있어서 하는 일이 아닙니다. 그 사람을 생각함으로써 마음을 위로받는 것이며, 그것만으로도 충분합니다. 죽은 이를 생각하는 것의 보수는 죽은 이를 생각할 수 있다는 데 있습니다.

'사랑하기'의 본질은 무언가를 '하는' 것이 아니라 무언가와 함께 '있는' 것입니다. '일하기'와 '사랑하기', 우리의 인생은 이 두 가지 모드가 뒤얽혀 이루어집니다.

위험! '일하기'와 '사랑하기'를 섞지 말 것

이렇게 보조선을 그어보면 K의 인생이 '일하기'에 잡아먹혀 '사랑하기'를 잃었다는 사실을 알 수 있겠지요.

PDCA는 다름 아닌 '하기'를 최적화하는 기술입니다. 업무를 효율화할 때는 좋지만, 인간관계나 취미 생활처럼 '있기'를 원리로 삼는 시간에 침입하면 파괴적으로 작용하고 맙니다.

K의 불면증이 그 상징입니다. 잠이란 '하기'를 포기하는 일입니다. 하지만 K는 수면을 잘 '하기' 위해 갖가지 궁리를 했고, 그 결과 더더욱 잠에서 멀어졌습니다. 그렇습니다. '일하기'와 '사랑하기'는 '위험! 섞지 말 것'입니다. 이 두 가지 인생을 섞으면 좋지 않은 일이 잘 일어납니다.

사장이 집에서도 경영자처럼 행동하면 가족은 상처받습니다. 자식한테 분기별로 성과 목표를 주고 동기 향상을 위한 상담을 실시하면, 아이는 가정 안에서 상사는 얻을지언정 어머니나 아버지를 잃게 됩니다.

'일하기'의 방식을 '사랑하기'로 끌고 들어오면 '사랑하기'

는 망가집니다. 그 반대도 마찬가지입니다.

가족 같은 분위기를 내세우는 직장이 근로계약에서 벗어난 무리한 일을 사원에게 강요합니다. 이런 경우는 흔히 볼 수 있습니다. 가족을 대하듯이 사원을 대하면 그건 학대입니다.

'사랑하기'의 방식으로 '일하기'를 운영하면 참혹한 일이 일어납니다. 그런데도 이 둘은 방심하면 금방 뒤섞이고 맙니다. 이것이 성가신 부분이지요. 특히 현대를 살아가는 우리는 무심코 '일하기'의 방식을 '사랑하기'로 끌고 들어옵니다. '사랑하기'가 '일하기'에 잡아먹히는 것입니다.

이쯤에서 K 이야기로 돌아가보지요. 대체 어떤 사정이 있었기에 K는 인생 전체를 '일하기'로 도배하게 된 것일까요? '사랑하기'는 어디로 사라졌을까요?

도망갈 곳 없는 집에서

첫 번째 상담을 마친 뒤 우리는 우선 다섯 번의 평가assessment를 해보기로 했습니다. 이는 본격적인 상담을 시작하기에 앞서 K가 어떤 사람인지 상세하게 알아보는 과정입니다. 구체적으로는 K가 여태까지 어떻게 살아왔는지, 그 인생사를 자세히 듣는 것이지요. 누군가에 대해 깊게 알고 싶다면 그 사람의 역사를 듣는 것이 가장 좋습니다.

인상적이었던 점은 제가 "어떤 가정에서 자랐는지 알려주세요"라고 말하자 K가 "평범했던 것 같아요"라고 대답했던 겁니다.

"평범하게 아버지랑 어머니가 계시고, 평범하게 자랐어요."

K는 그렇게 말했습니다. 은행원 아버지와 전업주부 어머니, 그리고 오빠. 분명 흔한 가족 구성이었습니다. K는 가난하지도 않았고 학비도 부모님이 꼬박꼬박 내주셨으니 자신의 가정이 '평범'했다고 여기는 모양이었습니다. 하지만 구체적으로 이야기를 들어보니 K의 가정환경은 상당히 힘들었습니다.

일단, 아버지는 지독한 학벌주의자였습니다. 유명한 대학교 출신이었지만 직장에는 더 유명한 대학을 나온 사람이 많아서 매일매일 부끄러워했다고 합니다. 아버지는 아버지대로 상처를 받았겠지요. 그러나 좋은 학벌을 손에 넣는 것이 아이들에게 내려진 지상 명령이었던 건 불행한 일이었습니다.

공부를 좋아하지 않았던 오빠는 그 기대에 부응하지 못했습니다. 오빠의 성적은 늘 좋지 못해서 점차 의욕 자체가 사라졌습니다. 그것은 비참한 결과를 낳았습니다. 아버지는 틈만 나면 "네놈한테는 학비를 대줄 가치가 없어", "존재가 부끄럽다" 하며 오빠를 공격하게 되었습니다. 관계는 차츰 긴박해졌습니다.

어머니는 그런 오빠를 지켜주지 못했습니다. 반복되는 가정 내의 언쟁은 어머니를 궁지로 내몰아 피폐하게 만들었습니다. 어머니는 늘 몸이 안 좋다고 호소하며 자주 누워 있었습니다. 특히 아버지가 질책을 시작해 오빠에게 도움이 필요해질 때면 꼭 "머리가 아파" 하며 침실에 틀어박혔습니다. 결국 오빠는 고등학교 졸업과 동시에 집을 나갔고, 그 뒤로 본가와는 연락을 끊어버렸습니다. K가 중학교 2학년 때의 일이었습니다.

K는 어릴 적부터 성적이 우수했습니다. 원래 머리가

좋았던 덕분이기도 했겠지만 날마다 오빠와 아버지의 싸움을 보고 자란 것이 큰 영향을 끼쳤던 모양입니다. 좋은 성적을 받아서 좋은 대학에 들어간다. 그렇지 않으면 집에서 내가 있을 곳이 사라진다. 그런 불안이 K를 몰아세웠습니다.

오빠가 집을 나간 전후로 K의 성적은 곤두박질쳤습니다. 열심히 해야 한다는 건 알고 있었지만 공부에 집중하지 못했습니다. 만성적인 설사에 시달렸고 스스로 자기 머리카락을 뽑는 버릇도 생겼습니다. 잠드는 데 어려움을 겪기 시작한 것도 이 시기입니다.

이 가정에서 오빠만이 K가 자기편으로 느끼고 마음을 터놓을 수 있는 사람이었습니다. 오빠는 무슨 일이 있을 때마다 K가 비난받지 않도록 감싸줬습니다. 그런 오빠를 잃었으니 K의 마음은 깊게 상처 입었겠지요.

하지만 K 자신은 그런 상처를 알아차리지 못했습니다. 분명 가혹하고 힘든 상황이었을 텐데도 그것이 '평범'하다고 믿었습니다. 그래서 여러 가지 증상이나 성적이 떨어지는 것에 대해 K는 그저 자신이 잘못했다며 스스로를 탓했습니다.

비극은 반복되었습니다. 어느 날 밤 K의 성적을 안 아버지가 "존재가 부끄러워" 하고 매도하기 시작한 것입니다. 술에 취한 채로 말이지요. K는 어찌할 바를 몰랐습니다. 게으름을 피운 것도 아니고 스스로 이미 자책도 하고 있었습니다. 말로 표현할 수 없는 감정이 복받쳐 오열밖에 할 수 없었습니다. 그때 저녁 식사를 치우던 어머니가 갑자기 신음했습니다.

"머리가 아파."

K는 아버지와 식탁에 남겨져 저녁 내내 욕을 들었습니다. 그때부터였습니다. K는 변했습니다. 어느 정도 남아 있었던 아이 같은 얼굴은 모습을 감추고 새로운 K가 등장했습니다. 어린 PDCA 사이클이 빙글빙글 돌아가기 시작했습니다.

K는 완벽한 계획을 세워 완벽하게 수행하기 시작했습니다. 자신에게 지금 태스크가 얼마나 남아 있는지 파악해서 확실하게 달성할 수 있도록 스케줄을 관리했습니다. 그게 잘되지 않을 때 K는 심한 불안에 빠졌습

니다. 그날 밤 식탁에서 느낀, 도망갈 곳 없는 감정이 떠올랐던 겁니다. 그렇기 때문에 불안을 떨치기 위해 더더욱 필사적인 노력을 계속했습니다.

컨디션은 계속 안 좋았고 불면증도 여전했습니다. 하지만 K는 목표를 달성했습니다. 명문 고등학교에 합격했고 최고의 대학에 들어갔습니다. 부모님은 기뻐했습니다. K는 이제 자랑스러운 딸이 되었습니다. 그제야 겨우 K는 지고 있던 짐을 내려놓았다고 생각했습니다. 하지만 마음에 새겨진 이야기는 무대를 바꿔 계속 재연되는 법입니다. K의 불안은 그 후에도 가라앉지 않았습니다.

아버지가 인정할 정도의 학력은 얻었습니다. 약속의 땅에도 이르렀습니다. 그런데도 PDCA는 멈추지 않았습니다. K는 항상 어떤 목표를 필요로 했고, '하기'를 늘 최대화해두지 않으면 불안에 시달렸습니다.

'실패하면 파멸이야.'

K의 마음속 깊은 곳에서 울려 퍼지는 목소리는 K를 협박하는 듯했습니다. 대학교에서도 K는 아주 우수한

학생이었습니다. 좋은 성적을 거두었고 교수님께 사랑받았으며 인턴으로 활약했고 유명한 기업에 취직했습니다. 취직한 뒤에도 K의 PDCA 사이클은 부단히 갈고 닦여 고도화되었습니다. 그리하여 정신을 차리고 보니 '일하기'로 인생이 도배된 것입니다.

'사랑하기'의 정체

'태풍 속에서 조각배로 살아남아온 사람이구나.'

K의 인생 이야기를 얼추 다 들었을 때 저는 이렇게 생각했습니다. K는 '있을 곳'을 박탈당해온 사람입니다. 끊임없이 좋은 성적을 얻고 성과를 올리지 않으면 아버지는 고함을 치고 어머니는 떠납니다. 오빠는 그렇게 '있기'를 박탈당해 실질적으로 추방되었습니다.

K는 위험한 환경에서 자랐습니다. 아버지의 '존재가 부끄럽다' 폭풍이 불어오고 큰 파도가 밀려듭니다. 어머니의 '머리 아파'로부터 K를 지켜줄 것도 없었습니다. K는 혼자서 항해해야 했습니다. 그래서 K는 '하기'를 철저히 했고, '일하기'

에 인생을 바치게 된 것입니다.

'쉬기'나 '잠자기'는 혼자서도 가능한 일처럼 여겨집니다. 그러나 이들은 타자가 어떤 형태로든 존재하지 않으면 불가능해지는 종류의 일입니다. 여기에는 '있기'가 혼자서는 성립하지 않는다는 전제가 깔려 있습니다.

생각해보세요. 아기 시절 우리는 혼자 잠들지 못했습니다. 안심되는 누군가가 곁에 있어줘야 했지요. 나이를 먹으며 혼자서 잘 수 있게 되는 이유는, 시간이 지나면서 그 누군가가 마음속에 내재화되었기 때문입니다.

타자는 안전입니다. 이 감각이 마음속에 존재할 때 우리는 안심하고 잘 수 있습니다. 반대로, 불안할 때 잠을 못 자는 이유는 마음속의 타자가 위험해졌기 때문입니다.

'있기'란 누군가와 함께 '있는' 것입니다. 물론 그 누군가가 위험한 존재여서는 안 되지요.

지금 K가 위험으로 둘러싸인 건 아닙니다. 객관적으로 보면 K는 큰 회사에서 안정된 지위에 올라 있고, 많은 사람들과 연결되어 있으며 신뢰를 얻고 있습니다. 한때는 연인도 있었습니다. 이제 K는 아버지에게나 어머니에게나 자랑스러운 딸이었습니다.

K는 많은 사람들에게 사랑받고 있었습니다. 그 사실은 K도 알았습니다. 하지만 그 사람들은 K에게 '있기'를 가져다주지 않았습니다. 왜냐하면 그 인간관계들은 K 자신이 서비스를 끊임없이 제공할 때만 유지된다고 느껴졌기 때문입니다. 상대의 욕구를 충족시키는 데 실패하면 그 비통한 밤 부모님이 그랬던 것처럼 손바닥 뒤집듯이 배신할 게 틀림없어. K의 마음속에서 타자는 잠재적인 적이었습니다.

K가 '하기'를 계속 성공하는 동안에는 타자가 공격해오지 않습니다. 그러나 한 번이라도 '하기'를 실패하면 타자는 '있기'를 간단히 빼앗습니다. 이것이 K의 마음속 풍경이었습니다. K는 본질적으로 고립되어 있었습니다. 고립이란 혼자서 덩그러니 있는 상태가 아닙니다. 그것은 마음속에서 적들에게 포위된 상태입니다. 프로이트가 '사랑받기'가 아니라 '사랑하기'라는 단어를 선택한 심오한 뜻이 여기에 있습니다.

K에게 '사랑받기'는 있었지만 '사랑하기'가 없었습니다. 타자를 적이 아니라고 느끼는 것. 타자가 안전하다고 믿는

것. 그런 타자가 현실이든 마음속에든 '있는' 것. 그것이 '사
랑하기'의 정체입니다.

닭과 달걀

'사랑하기'는 '일하기'로 지탱됩니다. 이는 돈이 없으면 데
이트를 못 한다는 식의 경제 원리에 관한 이야기가 아닙니다.
"일하지 않는 자, 먹지도 말라"라는 마초적인 이야기도 아니
고요. 이를테면 오랫동안 방에 틀어박혀 가족을 포함한 누구
와도 함께 있을 수 없었던 청년이 아르바이트를 시작한 것을
계기로 조금씩 타자에 대한 불신을 누그러트리는 것. 또는 타
자를 몹시 두려워하던 환자가 정신과의 데이케어* 시설에서
청소나 조리 등의 작업에 참가한 뒤로 그 자리에 있을 수 있
게 되는 것. 그런 일이 자주 일어납니다. '일하기'는 타자에게
도움이 된다는 감각을 우리에게 가져다줍니다. 그 감각이 타
자는 적이 아니라고 느끼게 도와줍니다.

---

* 낮에는 입원해서 치료받고 밤에는 집으로 돌아가 생활하는 것.

한편 '일하기' 역시 '사랑하기'로 인해 가능해집니다. 앞에서 이야기한 집에 틀어박혀 지내던 청년이 아르바이트를 시작할 수 있었던 건, 그전에 가족이나 자신을 도와주는 사람에 대해 조금이나마 안심감이 싹텄기 때문입니다. 또 데이케어 시설에서 작업에 참가하려면 그에 앞서 관계자나 다른 이용자에게 조금은 익숙해질 필요가 있습니다.

이것이 의외로 놓치기 쉬운 부분입니다. 세상 사람들은 "열심히 할게"나 "열심히 해"라는 말을 자주 씁니다. '하기'는 의지의 힘으로 어떻게든 된다고 여기기 쉽습니다. 하지만 의지는 '있기'가 보장되지 않으면 발휘하기 힘듭니다. 그렇지 않은가요? 직장이나 학교에서 '열심히 하기' 위해서는 우선 그 장소에 익숙해져야 합니다. 그렇지 않으면 어떻게도 할 수 없습니다.

'일하기'와 '사랑하기'의 관계는 닭과 달걀의 관계와 매우 비슷합니다. '일하기'에 의해 '사랑하기'가 가능해지고, '사랑하기'에 의해 '일하기'가 가능해집니다. 그래서 양쪽 다 존재하며 상호작용할 필요가 있습니다.

위험! 섞지 말 것. 예컨대 '워크 애즈 라이프work as life'[*]처럼 두 가지가 뒤섞여 인생이 하나가 되면 닭과 달걀의 관계가 순환되지 않습니다.

닭의 근원성

여기까지 왔다면 K가 지닌 삶의 괴로움을 이해하기까지 한 걸음 남았습니다. 중요한 건 닭과 달걀 중에서는 역시 달걀이 먼저라는 점입니다. 일반적으로 생각해보면 달걀이 먼저 있어야 닭이 나와 자랄 테니까요.

마찬가지로 '일하기'와 '사랑하기'라면 '사랑하기' 쪽이 근원적이지 않을까요? 실제로 '사랑하기'만 있고 '일하기'는 없는 상태는 쉽게 상상할 수 있습니다. 아기가 그렇고, 나이를 많이 먹어도 점점 그렇게 됩니다. 또는 병에 걸리거나 상처를 입으면 '일하기'가 상실되지요. 이는 누구의 인생에서든 생길 수 있는 일입니다. 그렇다고 우리의 인생 자체가 상실되는

---

* '생활이나 취미도 일의 일부로 생각하라'라는 뜻으로 일본의 미디어 아티스트 오치아이 요이치가 주장한 말.

일은 없습니다. '사랑하기'가 '일하기'보다 근원적인 까닭입니다.

반대로 '사랑하기'로 지탱되지 않는 '일하기'는 항상 적에게 둘러싸일 위험에 노출되어 있습니다. 실패하면 파멸한다. 그런 불안 앞에 서 있기 때문입니다. 폭풍우 속 조각배 같은 처지이지요. 조각배는 언제 뒤집혀 바다에 가라앉을지 모릅니다. 그런 긴장감 속에 있으니 우리는 기수를 풀가동시킬 수밖에 없습니다.

그런데 실제 문제는 이 비유보다 심각합니다. 자연의 폭풍우는 언젠가는 지나가지만, '일하기' 폭풍우는 살아남으면 살아남을수록 위협이 거세어지기 때문입니다.

이 점이 K의 비극적인 부분이었습니다.

K에게 타자는 위험한 존재였습니다. 그래서 기수가 철저하고 정밀하게 컨트롤을 했습니다. 그렇게 타자가 적이 될 위험을 계속 회피했던 것입니다. 하지만 마음속의 타자는 멀리하면 할수록 위험한 존재가 되는 법입니다.

방학이나 휴가가 끝나고 나면 학교나 회사에 유난히 가기 싫어지는 것과 비슷합니다. 얼굴을 마주하지 않는 시간이 길어질수록 거북한 사람은 더욱 거북해집니다. 접촉할 기회가 있으면 상대에게 무섭지 않은 부분도 있다는 사실을 알지만, 피하면 피할수록 상대 안의 무서운 부분이 당신의 마음속에서 증폭됩니다.

'사랑하기'를 잃은 '일하기'는 타자에 대한 두려움을 강화합니다. K 안에서 공포의 풍선은 빵빵하게 부풀어 있었습니다. 그래서 결국 K는 상담을 받으러 올 수밖에 없던 거였겠지요. 말로는 잠을 잘 자서 생산성을 높이고 싶다고 했지만, 실제로는 타자에 대한 두려움이 부풀어서 자기 힘으로는 어찌할 수 없어진 것입니다.

바로 여기에 K의 상담에서 다루어야 할 문제가 있었습니다.

조각배로 변한 '일하기'

'사랑하기'가 '일하기'에 잡아먹힙니다.

K의 마음에서 일어난 일은 K 한 사람만의 문제가 아닙니다. 우리가 살아가는 곳은 K의 가정과 마찬가지로 '사랑하기'

를 빼앗기기 쉬운 세상입니다. 필사적으로 살아남지 않으면 언제 '있기'를 빼앗길지 모릅니다. '일하기'가 조각배로 변했기 때문입니다.

최근 20년 사이에 우리가 일하는 방식은 크게 변했습니다. 예전에는 대부분의 '일하기'가 큰 배에서 이루어졌습니다. 사람들은 회사나 조직이나 업계, 다시 말해 어떤 공동체의 품속에서 일했습니다.

그곳에는 부자유스러운 부분도 있었을 테고 부조리한 일도 있었을 겁니다. 하지만 '종신 고용'이라는 단어로 상징되듯 큰 배가 개인의 인생을 지켜주었던 것 또한 사실입니다. 그때 사람들은 부자유스러움과 맞바꿔 안심(=있기)을 얻었습니다.

큰 배에는 승선한 사람들을 지킬 만한 여유가 있었습니다. 하지만 자본주의가 글로벌화하면서 경제의 형태가 달라지고 사회의 모습이 바뀌었습니다. 사회 자체가 폭풍우 속으로 내던져져 불안정해졌습니다. 그 결과, 우리를 지켜주던 큰 배는 흐물흐물 녹아내렸습니다.

대부분의 직장이 일하는 사람을 안전하게 지켜줄 수 없게 됐습니다. 실제로 아주 많은 사람들이 비정규직이 되었고, 정규직이라 해도 노동 조건은 훨씬 열악해졌습니다. 우리는 지금, 자신의 인생을 하나의 직장에 맡길 만한 신뢰감을 가질 수 없습니다.

'일하기'에서 '있기'가 상실되었습니다. 우리의 '일하기'는 조각배로 변해서, 이제는 각자가 개인 단위로 '일하기'를 설계하고 실천해나갈 수밖에 없어졌습니다.

그래서겠지요. 최근 한동안 유행한 건 창업, 부업, 이직이었습니다. 큰 배에서 내려 자신의 조각배만으로 살아가는 것이 창업, 큰 배에 탄 채로 조각배도 동시에 저어나가는 것이 부업, 큰 배와 큰 배 사이를 조각배로 건너가는 것이 이직입니다. 조각배로 어떻게 살아남을 것인가. 그것이 모두의 관심사가 되었습니다.

이렇게 되면 '사랑하기'는 조각배로 변한 '일하기'에 쉽게 잡아먹힙니다. 필사적으로 살아남으려고 하다 보면 모든 시간을 '일하기'에 쓰게 되기 때문입니다. 취미 활동 시간은 자기 계발 시간이 되고, 누군가와 식사를 즐겨야 할 시간은 업무 관련 인맥을 넓히는 시간이 됩니다. 학교는 자신의 상품

가치를 높이기 위한 장소가 되고, 결혼은 상거래처럼 변합니다. 지금까지 비즈니스와는 무관했던 영역까지 비즈니스의 언어로 점령됩니다. 큰 배를 타던 시절에는 존재했던 '일하기'의 '온on'과 '오프off'가 사라지고 맙니다. 우리는 온갖 사적인 것들까지 모조리 일에 도움이 되는지 아닌지로 판단하게 되었습니다.

그뿐만이 아닙니다. '일하기' 자체의 의미가 변해버린 것도 간과할 수 없습니다. '일하기'에는 원래 돈이 안 되는 '하기'도 포함되어 있었지만, 지금은 돈과 결부되지 않는 건 무가치하게 여깁니다.

"그걸로 먹고살 수 있어?"

타자에게서도 자기 자신에게서도 그런 핀잔을 받을 정도로 '일하기'의 의미는 빈약해지고 말았습니다. '사랑하기'는 잡아먹히기 쉽고 '일하기'는 돈하고만 결부되기 쉽습니다.

우리는 지금 인생이 쉽게 단순해지는 사회에서 살아가고 있습니다.

밤의 항해의 핵심

어떤가요? 전망이 조금 트였나요?

인생에 보조선을 긋자 '일하기'와 '사랑하기'로 나뉘었습니다. '일하기'는 어떤 목적을 위해 '하는 것', '사랑하기'는 적이 아니라고 느끼는 타자와 함께 '있는' 것이었습니다.

이 두 가지가 어떤 밸런스를 이루면 좋을지는 경우에 따라 다릅니다. 당신이 지금 어떤 상황 속에서 살아가고 있는지에 따라 달라지겠지요. 중요한 건 이 두 가지가 닭과 달걀 같은 관계라는 점입니다. 양쪽 다 존재하면서 제대로 상호작용하는 것이 중요합니다.

그런데도 '일하기'가 조각배로 변한 냉엄한 사회에서는 '사랑하기'가 쉽게 상실됩니다. 이 조각배의 시대에 어떻게 하면 '사랑하기'를 회복할 수 있을까요? 이것이 다음 과제입니다.

위험한 것이 잔뜩 숨어 있는 바다에서 '있기'를 확보하려면 어떻게 해야 할까요? 위험한 부분도 있지만 그렇지 않은 부분도 있는 타자와 어떻게 하면 함께 있을 수 있을까요? 다시 말해 사람과 사람은 어떻게 연결되어 관계를 깊게 만들 수 있을까요?

이것이 K의 테라피에서 정면으로 다루었던 문제이자 이 밤의 항해의 핵심을 이루는 질문입니다.

앗, 정신 차리고 보니 섬이 코앞이네요. 수다를 떨면서 오니까 눈 깜짝할 사이였습니다. 쉴 때는 시간이 빨리 흐르지요.

그나저나 생각했던 것보다 작은 섬이군요. 하지만 일단은 모래사장도 있고 식물도 무성하게 자라 있어요. 저쪽 모래사장에 배를 댑시다. 배가 떠내려가지 않도록 주의해야 해요.

이제 섬을 탐험하러 가볼까요? 사나운 야수가 숨어 있을지도 모르고, 섬사람들이 보물을 지키고 있을지도 몰라요. 혹은 대大현자가 항해도와 함께 우리의 방문을 기다리고 있을지도 모릅니다.

자, 상륙입니다.

모닥불을 둘러싸고 잠깐 쉬어 가기
왜 임상 심리사가 되었는가

이야, 마른 나뭇가지를 그렇게 많이 찾으셨어요? 훌륭합니다. 이만큼 있으면 충분해요. 얼른 불을 피웁시다. 몸을 녹이고 물을 끓여봅시다.

그나저나 김빠지네요. 섬을 구석구석 탐험해봤지만 사나운 야수도, 보물을 지키는 섬사람도, 우리를 기다리는 대현자도 없었지요. 이곳은 작은 무인도. 단서는 아무것도 없었습니다.

아쉽지만 어쩔 수 없지요. 이런 경우도 있답니다. 기분을 전환시킵시다. 보세요, 벌써 물이 끓었어요. 3분 카레라도 먹을까요? 야외에서 먹는 카레는 최고로 맛있거든요. 우선 배를 채웁시다.

휴우, 배가 터질 것 같아요. 이제 위스키를 홀짝홀짝 마셔볼까요? 이럴 줄 알고 배에 실어놨지요. 이런 시간도 나쁘지 않습니다. 별은 예쁘고 모닥불도 아름다워요. 졸릴 때까지 도

란도란 담소라도 나눠봅시다.

왜 임상 심리사가 되었나

네? 물어보고 싶은 게 있다고요?

뭐예요, 갑자기 정색하시고. 좀 무서운데요.

허, 제가 왜 임상 심리사가 되었냐고요?

자주 받는 질문이군요. 대학에서 수업할 때 학생들도 질문했고, 내담자들도 가끔 물어봅니다. 취재를 받을 때면 반드시 물어오는, 분명 재미있는 이야깃거리이지요.

임상 심리사를 만나면 그런 걸 물어보고 싶어지는지도 모르겠네요. 신기합니다. 어쩌면 임상 심리사라는 직업이 풍기는 어떤 수상쩍은 느낌 탓인지도 모릅니다.

마음이라는 실체 없는 것을 다루는 데다 사람들의 사생활을 파고드는 일이니까요. 게다가 벌이가 결코 좋지도 않고요. 그런데도 이런 일을 하는 데는 무슨 이유가 있는 게 아닌가?

이 질문은 그런 커다란 호기심과 약간의 불신감을 품고 있는 듯합니다.

'알고 싶어파'와 '보살피고 싶어파'

실은 저도 마찬가지여서 예전에 동료들에게 임상 심리사가 된 이유를 묻고 다녔던 적이 있는데요, 그 대답은 크게 두 종류로 나뉘더군요.

'마음을 알고 싶었으니까'와 '마음을 보살피고 싶었으니까'였습니다.

'알고 싶어파' 임상 심리사는 타인의 마음보다는 자신의 마음에 관심이 있었던 경우가 많습니다. 사춘기와 청년기에는 인간관계로 고생하고 소외감도 쉽게 느끼지요. '나는 왜 이럴까?'라고 생각하게 되고, 또 그게 아니라도 스스로를 잘 알지 못하는 시기입니다. 그럴 때 심리학은 매력적으로 보이거든요.

반면 '보살피고 싶어파' 임상 심리사는 다시 두 종류로 나뉩니다. 먼저 자신이 예전에 누군가에게 보살핌을 받은 경험이 있는 임상 심리사들입니다. 괴로운 시기에 본인이 도움을 받았으니 이번에는 누군가를 도와주고 싶어서 임상 심리사가 된 경우이지요. 다른 하나는 주위에 보살핌이 필요한 사람이 있었던 경우입니다. 가족이나 친구 중에 마음의 문제를 가진 사람이 있어서 도움이 되고 싶었지만 잘 안되었고, 그래서 심리학을 제대로 배워보려고 한 경우입니다.

물론 예외는 무한히 존재하고, 이런 마음들이 섞여 있는 경우도 많을 것입니다. 본인이 자각하고 말고와는 별개로, 어느 쪽이든 간에 어떤 상처와 연관되어 이 직업을 선택하는 경우가 적지 않습니다.

하지만 그건 다른 직업 역시 마찬가지일지도 모릅니다. 의사든 교사든 영화감독이든 뭐든 잘 생각해보면 직업 선택의 이면에는 스스로 자신을 치유하고자 하는 동기가 있는 법입니다. 그것은 결코 나쁜 일이 아닙니다. 인생은 이야기입니다. 어떤 상처가 인생을 구동시켜 우리를 어딘가로 데려갑니다. 그런 거겠지요.

평소 질문을 받으면 이렇게 이야기합니다만, 상대는 대체로 불만스러운 기색을 내비칩니다. 충분한 대답이 되지 않은 거겠지요.

'그래서, 네 경우는 뭔데?'

그런 목소리가 들립니다. 일반론을 듣고 싶은 게 아니야,

하고요. 하지만 한마디로 딱 잘라 말하기가 어려워서, 지금까지는 그때그때 적당한 스토리를 골라 이야기해왔습니다.

이를테면 야구부에서 만년 후보 선수였기 때문이라든가, 인류학자가 되고 싶었지만 아프리카에서 사는 게 불안했기 때문이라든가, 내가 고등학생이던 시절만 하더라도 '마음의 시대'였기 때문이라든가. 그 자리 그 자리에서 생각나는 것을 이야기해왔습니다.

거짓말은 하지 않았습니다. 전부 사실이니까요. 그러나 각각의 이야기에 충분히 진상이 드러나 있는가 하면, 전혀 그렇지 않습니다. 복잡하거든요. 여러 이야기가 뒤얽히고 여러 과정을 거쳐서, 정신을 차리고 보니 임상 심리사가 되어 있었다. 이것이 실제 사정이라고 생각합니다. 결국 당신의 질문에는 잘 대답하지 못했지만, 모닥불을 바라보다 보니 무언가가 떠올랐습니다.

제가 임상 심리사를 목표로 삼은 계기에 관한 일화입니다. 이 또한 적당한 스토리를 하나 늘리는 것뿐일 수도 있지만, 그래도 말해두고 싶습니다. 어쩌면 이것이 밤의 항해에 도움이 될지도 모르니까요.

대홍수가 일어난다

1999년의 일입니다. 저는 열여섯 살. 세상의 수많은 열여섯 살들과 마찬가지로 저 역시 별로 상태가 좋지 않은 고등학교 2학년이었습니다. 뭔가 제대로 되지 않고 있다는 건 알지만 뭐가 제대로 되지 않고 있는지는 모릅니다. 장래 같은 건 도무지 생각할 수 없는 상황인데, 그럼에도 미래를 향해 수험 공부를 계속해야 하지요. 울적한 시기였습니다.

분명 맑게 갠 9월, 바람이 상쾌한 오후 수업 시간이었다고 기억합니다. 도시락을 먹은 뒤 심하게 졸린 오후 첫 수업, 저는 심리학을 만났습니다.

수업 과목은 윤리였습니다. 저는 가톨릭 학교를 다녀서 젊은 브라더가 윤리를 가르쳤습니다. 브라더란 아직 신부가 되기 전의 수도사입니다.

꼭 맞는 검은 옷으로 몸을 감싸고, 두껍고 딱딱해 보이는 검은 테 안경을 쓴 브라더는 평소에는 플라톤과 아리스토텔레스, 데카르트와 칸트의 이야기를 했습니다. 아무래도 대학에서 철학을 전공한 모양이었습니다.

유감스럽게도 저는 철학에 거의 흥미를 느끼지 못했습니다. 이제 와서 생각하면 아쉬운 일이지만 과거의 철학자들이 너무 진부하게 느껴졌습니다. 더구나 애초에 그건 오직 대학 입학시험을 '윤리' 과목으로 치르기 위해 받았던 수업이었습니다. 브라더에게는 죄송한 이야기였지만, 그 수업은 낮잠을 자는 시간이었지요. 하지만 그날은 달랐습니다.

브라더는 그날 '무의식'에 대해 이야기했습니다. 마음속 깊은 곳에는 '무의식'이라고 불리는 영역이 있는데 그것이 우리를 움직이게 만든다고요.

"자기 안에는 본인이 모르는 자기 자신이 있어."

브라더는 말했습니다.

"굉장하지 않아?"

브라더는 프로이트나 융 같은 심리학자를 소개하며 깊은 마음속을 다루는 심리학을 '심층 심리학'이라고 부른다고 설명했습니다.

교과서상으로도, 대학 입학시험 대비상으로도, 내용은 그것만으로 충분했습니다. 심리학에 대해 고등학생이 알아둬야 할 것은 이미 다 말한 겁니다. 그런데도 브라더는 이야기를 멈추지 않았습니다. 마치 "대홍수가 일어난다! 신도 함께 온다!" 하고 외치는 예언자 같았습니다.

"너희들 안에는 너희들이 모르는 자신이 있어."

"마음에는 심층이라는 부분이 존재해."

"너희들은 자기 자신을 몰라."

그렇게 계속 열변을 토했습니다.

너희들은 자기 자신을 몰라

이상한 광경이었습니다. 평온하고 기분 좋은 가을 오후와는 어울리지 않는 소름 돋는 수업. 다른 아이들은 평소처럼 졸고 있었지만 저는 브라더에게서 눈을 뗄 수 없었습니다.

무엇이 브라더를 몰아세우는 것인지 전혀 알 수 없었습니다. 그래도 브라더가 죽을힘을 다하고 있다는 점만은 확실히 알 수 있었습니다. 젊은 브라더는 지극히 개인적인 무언가를 필사적으로 호소하고 있었습니다.

그 이유를 알게 된 건 제가 고등학교를 졸업한 지 얼마 지나지 않은 때였습니다. 브라더는 신부가 되는 것을 포기하고 사랑하는 여성과 가정을 꾸리기로 했습니다. 신이 아니라 사랑하는 사람을 위해 인생을 바치기로 한 것입니다.

너희들은 자기 자신을 몰라.

브라더는 우리를 향해 그렇게 말했습니다. 하지만 사실 그건 자기 자신을 향한 말이었겠지요. 신을 사랑하는 데 인생을 바치기로 한 자신. 그 깊은 내면에 신이 아닌 다른 누군가를 사랑하려고 하는 자신이 있었습니다. 나는 대체 뭔가. 나는 정말로 '사랑하기'를 할 수 있는 사람인가. 브라더는 '무의식'의 존재를 절실히 느껴서 그것을 파고들려고 했던 거겠지요.

물론 고등학교 2학년이었던 저는 젊은 브라더의 실존적 갈등을 몰랐습니다. 그가 인생을 완전히 다시 시작하려 하고 있다고는 상상조차 하지 못했습니다. 하지만 저는 그때 마음을 관통당했습니다. 브라더가 호소하는 소름 돋는 무언가에 감염된 것입니다.

너희들은 자기 자신을 몰라.

엄청 재밌을 것 같잖아!

'지금 여기'에는 우중충한 나 자신과 우울한 고등학교 생활밖에 없지만, 마음속 깊은 곳에는 풍요로운 세계가 펼쳐져 있을 것이 틀림없어. 마음을 알고 싶어.

그때 제 눈에는 무의식이 반짝반짝 빛나 보였습니다.

그것은 확실히 위험한 수업이었습니다. 젊은 브라더는 사랑하는 사람을 위해 인생의 전환을 꾀하고 있었고, 저는 저대로 평생의 일이 될 것을 찾아내려 하고 있었습니다. 20년도 더 지난 추억이네요.

저는 결국 이 수업에서 봤던 방향대로 그 후의 인생을 걸고 있으니 학교 수업을 얕보면 안 되겠지요. 예기치 못한 타이밍에 인생을 결정짓는 어떤 일이 일어나는 것이 사춘기라는 시기입니다.

미래적인 브라더

이렇게 개인적인 추억을 이야기하려고 마음먹은 이유는, 지금 돌이켜보면 이 브라더가 지극히 미래적이었기 때문입니다. 그는 마치 예언자처럼 우리 시대의 밤의 항해를 먼저 경험하고 있었습니다.

저는 그 윤리 수업에서 처음으로 마음의 보조선을 만났습니다.

'의식과 무의식'이 그것입니다. 즉, 우리 안에는 잘 아는 자신과 잘 모르는 자신이 있다는 것이지요. 그런 보조선으로 마음이 쓱쓱 분할된 것입니다. 이때 주의해야 할 점은, 그때 저와 브라더 사이에는 이 보조선을 둘러싼 커다란 갭이 있었다는 것입니다. 그때 저는 1990년대적이었고 브라더는 2020년대적이었습니다. 같은 '무의식'이라는 말을 두고 우리는 전혀 다른 것을 머릿속에 그리고 있었습니다.

저에게는 무의식이 반짝반짝 빛나 보였습니다.

"너희들은 자기 자신을 몰라."

저는 이 말이 자기 안에 있는, 자신이 아직 못 본 가능성을 가리킨다고 생각했습니다. 자신을 파내려 가면 '진짜 자신'이 묻혀 있구나. 그런 느낌이 들었습니다.

지금 돌이켜보면 지나치게 낙관적인 생각이었지요. 하지만 그런 시기였던 겁니다. 저 자신도 앞으로 무언가가 되려고 하는 새싹의 시기였고, 당시는 '자아 찾기'가 유행하던 시절이라서 마음속 깊은 곳에는 풍요로운 무언가가 존재한다고 여기는 분위기가 있었습니다.

하지만 브라더는 달랐습니다. 그에게는 분명 무의식이 으스스한 것으로 보였겠지요.

"너희들은 자기 자신을 몰라."

그 말이 가리키는 건 자신을 배신하고 자신이 쌓아온 것을 깨부수는 자신이었습니다. 그에게 무의식은 상처를 머금은 무언가였을 겁니다. 그뿐만이 아닙니다. 브라더가 문제 삼았던 것은 오히려 '참된 연결'이었습니다.

브라더가 무의식을 생각할 수밖에 없었던 이유는 '사랑하기'를 고민하고 있었기 때문입니다. 신을 사랑할 것인가, 인간을 사랑할 것인가. 또한 자신은 소중한 상대를 제대로 소중하게 여길 수 있는 사람인가.

그런 절실한 물음 때문에 브라더는 이 보조선을 마음에 그었습니다.

참된 연결로

사춘기였던 저보다 중년기의 입구에 서 있었던 브라더가 미래적이었다는 말은 그런 뜻입니다. 그렇지 않나요? 물자가 아니라 리스크만 풍성해진 조각배의 시대에 어떻게 하면 타자와 깊게 연결될 수 있는가. 이것이 지금 우리가 도착한 지점입니다. 그 브라더는 다름 아닌 이 지점에 몰두해 있었고, 우리도 앞으로 이 위험한 해역을 건너게 되겠지요.

자, 깊은 밤의 수다는 이 정도로 해둡시다. 모닥불에서는 아직까지 타닥타닥 연기가 나고 있지만 위스키는 마침 다 떨어졌습니다. 슬슬 자러 가야겠네요.

내일은 분명 힘든 하루가 될 겁니다.
참된 자신이 아니라 참된 연결.
그런 걸 찾을 수 있다면 좋겠는데요. 과연 어떨까요.
일단은 푹 쉬세요.

안녕히 주무세요. 내일 만납시다.

4

연결은 여러 가지

: 공유와 비밀(첫 번째 이야기)

눈을 떠도 밤이었습니다. 하지만 바다는 평온해서, 무인도를 떠나 한동안 거침없이 밤바다를 항해해왔습니다. 그러던 중 갑자기 엄청난 폭풍을 맞닥트렸습니다. 탄환 같은 장대비, 벼랑처럼 높은 파도, 그리고 무자비한 바람. 돛은 꺾였고 키는 망가졌으며 노는 떠내려갔습니다. 그래도 배가 뒤집히지는 않았습니다. 기적 같은 행운입니다. 이런 거친 바다에 내던져지면 잠시도 견디지 못할 테니까요.

기수가 간신히 버텨줬습니다.

여기는 태풍의 눈일까요? 일시적으로 비바람이 잦아들었지만 파도는 악마처럼 넘실대고 있습니다. 하늘에는 달이 희미하게 보이는데 그 주변의 구름은 섬뜩합니다.

이럴 때 태세를 재정비해야 합니다. 조각배 바닥에서 물을 퍼내고 보수할 수 있는 부분은 보수해야지요. 무엇보다 뿔뿔이 흩어지지 않도록 당신의 조각배와 제 조각배를 로프로 묶어둬야 합니다.

어두운 밤바다에서 계속 연결되어 있는 건 어렵습니다. 조각배들은 쉽게 흩어집니다. 그리고 한번 헤어지면 그리 간단히는 다시 만날 수 없습니다.

잠깐만요! 이 상황이야말로 우리가 직면했던 바로 그 물음이 아닌가요?

캄캄하고 거친 바다에서, 그럼에도 불구하고 계속 연결되어 있으려면 어떻게 해야 하는가. 어떤 로프를 쓰고, 그것을 어떤 방법으로 묶어야 하는가. 조각배 시대의 '사랑하기'는 어떻게 해야 가능한가.

다음 태풍이 오기 전까지 우리에게는 생각해둬야 할 것이 있습니다.

우리는 쉽게 고독해진다

우선은 현재 상황을 확인하는 것부터 시작하지요.

"그러면 저는 외톨이예요."

이것이 상담실에서 시작된 우리 여행의 출발점이었습니다. 생각해보면 이상한 일입니다. 이 세상은 인간관계로 넘쳐나고 있으니까요.

일을 하려면 많은 사람들과 관계를 맺어야 하고, SNS를 이용하면 새로운 만남도 수두룩합니다. 인류 역사상 이렇게 많은 인간관계가 마련되어 있던 시대는 없을 겁니다.

그런데도 우리는 쉽게 고독해집니다. 설령 당신에게 친구나 가족 혹은 연인이 있다 해도 문득 정신을 차리고 보면 고독합니다. 가령 혼자 밥을 먹기 싫을 때, 누군가를 부르고 싶어지지만 그렇게 하면 상대에게 폐를 끼치는 기분이 듭니다. 혹은 곤란한 일이 생겼을 때 누구한테 도움을 요청해야 할지 모릅니다. 컨디션이 나쁘면 나쁠수록 사람을 만나고 싶어집니다.

기수를 찬양하는 사회에서 살아가는 우리는 타자를 위험한 존재로 느낍니다. '연결'이라는 말은 뭔가 좋은 뉘앙스를 풍기지만, 사실 우리는 연결을 몹시 두려워하지요.

지난 일을 한번 떠올려보세요. 우리가 껴안고 있는 대부분의 상처는 연결에서 비롯된 것 아닌가요. 인간관계에서는 때로 호된 공격이 일어나고 심각한 배신이 발생합니다. 확실하다고 생각했던 연결은 눈 깜짝할 사이에 끊어지거나 상실됩니다. 연결은 위태롭고 덧없습니다.

그 이유를 우리는 '일하기'가 조각배로 변했다는 것에서

찾았습니다. '일하기'가 '사랑하기'를 잡아먹었기 때문에 연결이 어려워졌다. 그런 이야기를 했었지요.

하지만 사실은 그뿐만이 아닙니다. '사랑하기' 자체도 현대에 들어 크게 변하고 있습니다. 무슨 일이 일어난 걸까요? 무엇이 바뀐 걸까요?

조각배로 변한 '사랑하기'

'일하기'의 급격하고도 대대적인 변화에 비하면 '사랑하기'의 변화는 알아차리기 힘들 수도 있습니다. 이 변화는 50년 정도에 걸쳐 비교적 천천히 일어났기 때문입니다. 하지만 변화는 착실히 일어났습니다.

'일하기'와 마찬가지로 '사랑하기' 역시 큰 배가 아니라 각자가 조각배로 행하도록 변해왔습니다(여전히 충분하지 못한 부분은 있지만요).

결혼의 예가 이해하기 쉽겠군요. 아직 사회에서 큰 배의 힘이 압도적이던 시절, 결혼은 개인의 의지와는 무관하게 진행되는 경우가 많았습니다. 누가 누구와 연결될지를 큰 배가 미리 결정했던 것입니다.

현대에도 그 영향이 남아 있는지 모릅니다. 맞선은 지금도 주선되고 있고, 연애결혼이라 해도 결혼식에는 친척과 회사 사람들이 모입니다. 즉, 소속된 커뮤니티의 멤버들이 모여서 모두 함께 두 사람의 연결을 축복하고, 승인하고, 보증하는 것이지요. 그렇게 해서 커뮤니티에 참가하기를 촉구합니다. 결혼이라는 제도에는 예전의 큰 배와 같은 뉘앙스가 배어 들어 있습니다.

결혼뿐만이 아닙니다. 친구나 동료와의 관계도 전에는 큰 배에 속해 있었습니다. 예컨대 전 시대의 직장 동료가 그 전형입니다. 일과 시간에는 동료와 나란히 앉아 업무를 보고, 밤이 되면 함께 한잔하러 갑니다. 휴일에 동네 야구를 함께하는 것도 동료들이고요. 사택에 사는 경우는 심지어 집까지 같습니다.

옛날의 인간관계는 소속된 커뮤니티가 마련해주는 것이었습니다. 학교도 직장도 마치 '마을' 같았지요. 누가 누구와 연결되어야 하는지, 또 연결되지 말아야 하는지를 큰 배가 조정했습니다.

큰 배의 연결에는 좋은 면과 나쁜 면이 공존합니다.

도움을 받은 사람도 많겠지요. 직접 연결을 찾지 않아도 되고, 또 연결이 끊어지지 않도록 지켜주기도 하니까요. 그런 점에서 큰 배는 우리가 고독해지는 것을 방지해 인생을 안정시켜주는 존재였습니다.

부정적인 면도 있습니다. 바로 '부자유'입니다. 큰 배가 마련해준 연결을 거부하기란 어렵고, 큰 배가 금지하는 상대와 연결되는 것에도 높은 벽이 있었습니다. 큰 배를 타고 있는 한 싫은 상대와도 꾹 참고 계속 연결되어야 하며, 연결되고 싶은 사람과의 관계를 포기해야 할 때도 있었습니다.

안정과 부자유. 이 두 가지가 큰 배에서는 한 쌍을 이루고 있었습니다.

시대가 변하면서 큰 배는 서서히 힘을 잃어갔습니다. 우리의 조부모님 세대와 지금 세대를 비교해보면 사람들 사이의 연결 방식이 전혀 다르다는 사실을 알 수 있을 겁니다. 앞선 세대들은 조금씩 연결을 조각배로 만들어왔습니다. 누구와 연결되고 누구와 연결되지 않을지 스스로 결정할 수 있는 자유를 쟁취해온 것입니다. '사랑하기'의 조각배화는 다시 말해 연결의 자기 결정화입니다.

셰익스피어의 《로미오와 줄리엣》은 가문끼리, 다시 말해 큰 배끼리 적대 관계였기 때문에 잘 연결되지 못한 연인의 이야기를 그린 비극입니다. 만약 그들이 현대에 태어났다면 조각배로 만났겠지요(예를 들면 소개팅 앱 같은 것으로요). 그랬 다면 누가 반대할 일도 없었을 겁니다. 분명 "아아, 로미오", "아아, 줄리엣"하며 메신저로 서로에게 이모티콘을 보내면 서 마음 편히 연결을 즐겼을 것이 틀림없습니다. 그리고 서로 가 싫어졌을 때는 "안녕, 로미오"하고 클릭 한 번으로 차단 해버리면 됩니다.

누구와 연결될지는 자유. 상대의 성별도, 나이도, 국적도, 뭐든지 자유. 당신이 정하면 됩니다. 연결의 형태도 자유입니 다. 함께 살아도 되고, 함께 살지 않아도 됩니다. 몸이 닿아도 되고, 닿지 않아도 됩니다. 본인이 좋아하는 방식으로 연결되 면 됩니다.

파트너와의 관계뿐만이 아닙니다. 친구나 가족과의 연결 도 자유로운 선택의 대상입니다. 친구와 절교해도 되고, 부모 자식 관계도 끊을 수 있습니다. 도망치는 게 나은 괴로운 관계는 도망치면 됩니다. 뭐든 문제없습니다.

순수한 관계는 깨지기 쉽다

큰 배에서 '사랑하기'가 안정과 맞바꿔 부자유를 받아들였다면, 조각배로 변한 '사랑하기'는 자유와 맞바꿔 불안정을 받아들여야 합니다.

당신이 연결될 상대를 자유롭게 선택할 수 있다는 건 상대역시 자유롭게 선택할 수 있다는 뜻이기 때문이지요. 제가 당신과 함께 있고 싶더라도 당신이 그러기 싫다면 우리는 함께 있을 수 없습니다.

큰 배가 없는 지금, 우리의 연결은 끊어지기 쉽고 덧없어졌습니다. 사회학에서는 이러한 연결 방식을 '순수한 관계'라고 부릅니다. 이름은 예쁘지만, 실은 수상한 녀석입니다.

순수한 관계란 두 사람이 함께 있기를 바라는 것'만'을 근거로 삼는 관계입니다. 다시 말해 이 관계는 서로가 함께 있고 싶다고 동의한 경우에'만' 생겨나고, 서로가 만족감을 느낄 때'만' 지속됩니다.

이때 '함께 있고 싶다'는 마음이 상대와의 좋은 관계에서 발생해야 하는 것이 포인트입니다. 돈이나 육아를 위해 혹은 남들 앞에서의 체면 때문에, 그런 외적인 이유로 '함께 있는' 것이라면 순수한 관계가 아닙니다.

상대와 연결되어 있는 것 자체가 좋기 때문에 '함께 있는 것'이겠지요. 이 '있기'를 위해 '있기'라는 자기 목적화한 관계의 극한이 '순수한 관계'입니다.

그렇기 때문에 순수한 관계는 연약합니다. 연결되어 있는 것 자체가 좋아서 연결되어 있을 때, 순수한 관계는 외다리 서기를 합니다. 마음이 변하면 그 관계는 맥없이 소멸되고 맙니다. 우리가 고독해지기 쉬운 건 그런 이유입니다. 무수한 조각배들이 바다를 떠다닙니다. 그들은 그때그때 연결되었다가 뿔뿔이 흩어집니다. 이것이 우리 시대의 '사랑하기'입니다.

여러 개의 로프

문제는 고독해지기 쉬운 세상에서 살아가는데도 불구하

고, 우리가 고독을 견디지 못한다는 것입니다. "이제 연결 따위 필요 없어. 고독이 최고야"라고 말하는 사람도 있을지 모릅니다. 하지만 그건 과거의 인간관계에서 견딜 수 없는 상처를 받았기 때문에 하는 말일 수 있습니다. 혹은 그런 사람은 현실에서는 홀로 살아가지만 마음속에서 소중한 타자와 함께 있는 건지도 모릅니다.

"죽을 땐 누구나 혼자야"라고 말하는 사람도 있습니다. 그럴지도 모르지요. 하지만 그렇다면 "태어날 땐 누구나 둘이야"라고도 말할 수 있습니다. 우리는 누군가의 몸에서 태어났고, 적어도 그 순간은 고독하지 않았습니다. 우리의 마음에는 누군가와 연결되었던 감각과 기억이 새겨져 있습니다.

때로 연결에 의한 고통이 더 커지는 경우도 있겠지만, 연결되어 있지 않음에 고통을 느끼는 것 또한 마음의 본성입니다. 우리는 연결을 바라 마지않습니다. 조각배는 조각배를 찾아 망망대해를 정처 없이 떠돌아다닙니다.

이제 드디어 서두의 물음에 이르렀습니다.

그렇다면 조각배와 조각배를 잇는 로프란 어떤 것일까요?

참된 연결이란 무엇일까요? 한 가닥 새끼줄로는 안 됩니다. 로프에도 여러 종류가 있기 때문이지요.

그렇습니다, 연결은 여러 가닥의 줄입니다. 가령 당신은 친구가 필요하다고 생각하지만, 실은 연인을 찾고 있는지도 모릅니다. 보호자를 원하는데 네트워크만 늘리고 있는지도 모릅니다.

로프도 종류가 여러 가지라서 그때그때 당신의 고독에 닿는 것과 닿지 않는 것이 있습니다. 바로 이 점이 번거롭습니다. 이 때문에 우리는 종종 혼란에 빠지고 방향을 잃습니다. 자신에게 어떤 연결이 필요한지 모르게 됩니다. 그러므로 여기에서 보조선을 그어야 합니다.

자아, 여러분!

우리의 연결에는 대체 무엇과 무엇이 있을까요? 기분 좋게, 쓱쓱 보조선을 그어봅시다. 연기가 뭉게뭉게 피어오르더니 불쑥 뭔가가 나타납니다. 바로 '공유와 비밀'입니다.

공유와 비밀

우리가 타자와 연결될 때의 두 가지 원리. 이것을 사회학에서는 '공유성'과 '친밀성'이라고 합니다만, 여기서는 '공유의 연결'과 '비밀의 연결'이라고 부르겠습니다.

공유의 연결은 문자 그대로 '모두'와 공유함으로써 연결되는 관계입니다. 예를 들어 밤샘 작업을 공유한 프로젝트팀 동료나 육아를 공유한 아이 엄마들, 같은 청춘을 공유한 학교 동기들을 떠올려보세요. 또는 같은 병이나 장애를 앓는 당사자 그룹을 떠올려도 됩니다. 이들은 모두 여러 사람이 같은 것을 공유함으로써 생겨나는 연결입니다. 같은 시간, 같은 장소, 같은 문제나 같은 미션. 공유하는 것은 뭐든 좋습니다. '한솥밥 먹는 사이'라는 말도 있듯이 그렇게 무언가를 공유하면 우리는 저절로 친구나 동료, 동지가 됩니다.

반면 비밀의 연결은 '당신'의 비밀을 파고드는 관계입니다. 가령 연인이나 파트너와의 관계를 떠올려보세요. 우리는 그런 상대에 대해 '정말 나를 소중히 여기고 있는 걸까?', '나는 정말로 이 사람을 소중히 여기고 있을까?' 하며 여러 가지로 생각하게 됩니다. 그럴 때 문제는 평소에는 숨겨져 있는 '정말?'이라는 비밀스러운 기분입니다. 한 발자국 더 깊이 파고든 관계를 비밀의 연결이라고 부르기로 하지요.

연애뿐만이 아닙니다. 비밀의 연결은 여기저기에 존재합니다.

친한 친구는 기본적으로 공유의 연결 같지만 때로 비밀의 연결이 되기도 합니다. 마음을 터놓고 이야기를 나누거나 서로의 감정을 충돌시킬 때가 바로 그런 경우이지요. 혹은 부모 자식 관계에서는 서로의 마음을 몰라 크게 싸울 때가 있습니다. 그래서 절연해버리는 경우도 있지만, 만약 그 위기를 넘긴다면 서로의 비밀스러운 부분에 한 발자국 더 깊이 들어가는 관계가 됩니다.

어느 쪽이든 거기서 문제가 되는 건 '모두'가 아니라 특정한 '당신'입니다. '이 사람은 알아줬으면 좋겠어' 하고 다가가면, 거기에는 오직 두 사람만 아는 관계가 생겨납니다. 그럴 때 당신은 비밀의 연결을 맺게 됩니다.

어떻습니까? 당신에게도 공유와 비밀의 경험이 둘 다 있지 않나요? 만약 그런 기억이 있다면 한번 떠올려보세요. 공유

로 연결될 때의 당신과 비밀로 연결될 때의 당신, 그때 당신
은 서로 다른 마음의 근육을 쓰지 않나요?

대체 무엇이 어떻게 다른 걸까요?

상처 주지 않는 관계

앞에서 공유의 연결은 여러 사람이 함께 있을 때, 비밀의
연결은 두 사람만 있을 때 맺어지기 쉽다는 이야기를 했습니
다. 같이 밥을 먹으러 가는 경우만 하더라도 세 사람 이상 가
는 것과 둘이서 가는 것은 분위기가 상당히 다르지요.

하지만 이는 어디까지나 그렇게 맺어지기 '쉽다'는 것이
지, 세 사람 이상이라면 반드시 공유고, 단둘이라면 비밀이라
고 정해져 있는 것은 아닙니다. 실제로 친한 친구와의 연결은
공유일 때도 있지만 비밀일 때도 있고, 가족이나 파트너 등
많은 관계에서 공유와 비밀은 뒤섞여 있습니다. 그렇다면 공
유와 비밀의 본질적인 차이는 어디에 있을까요?

저는 그것이 '상처를 다루는 방식'에 있다고 생각합니다.

먼저 공유의 연결이 어떻게 상처를 다루는지 살펴보지요.

가령, 아이 엄마들은 육아라는 고생을 공유함으로써 연결된 친구들입니다. 그런 모임에서는 아이를 데려갈 수 있는 식당 정보가 교환되기도 하고, 서로서로 아이를 맡기거나 맡아주는 등 구체적인 도움이 오갑니다. 이런 관계를 통해 편리함을 얻을 수는 있지만, 이러한 편리함은 돈으로도 살 수 있습니다. 육아 정보를 알려주는 회원제 사이트에 가입하는 방법도 있고, 베이비시터한테 아이를 맡길 수도 있습니다. 하지만 그런 편리함을 무료로 얻을 수 있다는 이유로 아이 엄마들이 서로 만나는 건 아닙니다.

그 연결의 본질적인 가치는 그들이 상처를 공유한다는 데 있습니다. 육아의 고됨이나 출산으로 커리어를 중단해야 했던 분함, 회사나 주위의 몰이해 등, 엄마들은 그런 것들을 공유합니다. 그렇기 때문에 무슨 일이 생기면 그들은 서로를 위로하고 힘이 되어주려 합니다. 누군가가 괴로운 일을 겪은 것을 알면 함께 분노해주기도 합니다. 곤란한 일이 생기면 도와줍니다. 정보를 교환하거나 아이를 맡기는 것도 그런 일의 일환입니다.

아이 엄마들은 서로의 상처를 잘 알기 때문에 서로에게 다양한 배려를 합니다. 그들은 무언가가 잘되지 않았을 때 "당신이 잘못했어" 하고 공격하는 것이 아니라 "네 잘못이 아니야. 어쩔 수 없는 일이었어"라고 말해줄 수 있습니다. 그때 생겨나는 것은 '상처 주지 않는 관계'입니다.

상처 주지 않는 관계가 생겨나는 것은 아이 엄마들 사이만이 아닙니다. 동아리 친구도, 같은 프로젝트를 맡은 팀원도 마찬가지입니다. 함께 있으면 고생은 공유되고 나누어집니다. 그러면 그곳은 앓는 소리를 하거나 도움을 요청할 수 있는 장소가 됩니다. 껴안고 있는 괴로운 일에 대해 '나만 이런 게 아니었구나' 하고 여길 수 있게 되기 때문입니다.

중요한 건 이 상처 주지 않는 관계가 우리를 '자신답게' 만들어준다는 점입니다.

우리는 상처를 받을 때나 상처를 주는 존재에게 둘러싸여 있을 때 '싫은 사람'이 되기 쉽습니다. 스스로를 지키기 위해 무장해야 하기 때문이지요. 하지만 공유의 연결에 의해 상처 입지 않도록 배려받으면 무장을 풀 수 있습니다. 안전하다고 느끼는 장소에서는 본디 존재하는 '나다움'이 솔직하게 겉으로 드러납니다. 무장하지 않으면 편안하고, 무엇보다 주변에 상처를 주지 않기 때문에 꽤 '좋은 사람'으로 보이는 법입니다. 성격이 좋고 나쁘고는 의외로 환경 문제입니다. 당신이 '싫은 사람'이 되었다면 그것은 주변 탓인지도 모릅니다.

정리해볼까요?

공유의 연결이란 상처를 주지 않는 관계입니다. 이때 우리는 타자에게 상처를 주지 않도록 배려하는 동시에, 이곳에서는 상처 입지 않는다며 안심할 수 있습니다. 그것이 우리를 자신답게 만들어줍니다.

상처를 주고받는 관계

다음으로 살펴볼 것은 비밀의 연결이 상처를 어떻게 다루는가입니다. 결론부터 말하자면 여기에서 일어나는 일은 '상처 주고받기'입니다. 예컨대 부모 자식 사이에서의 '커밍아웃'이 있을 수 있겠지요. 이는 자신의 비밀을 소중한 사람에게 밝히는 행위입니다. 커밍아웃에는 다양한 종류가 있지만 여기에서는 자신이 성 소수자라는 사실을 부모에게 털어놓는 딸과 엄마의 사례를 살펴보려 합니다.

자기가 레즈비언이라는 사실을 말하기 전, 딸은 스스로 상처 입을지도 모르고, 또 엄마한테 상처를 줄지도 모른다며 불안해합니다. 그래도 엄마는 소중한 사람이기 때문에 '알아줬으면' 하고 바랍니다. 그래서 비밀을 털어놓습니다.

비밀은 잘 받아들여질 때도 있지만 그렇지 않을 때도 있습니다. 엄마는 딸의 커밍아웃 당시에는 담담한 척했으나 실제로는 그 비밀을 다 받아들이지 못했습니다. 딸은 비밀이 받아들여졌다고 생각해서 천진하게 기뻐합니다. 하지만 엄마는 성性 문제를 소화하지 못해 혼란에 빠지고, 그 후 두세 달을 울면서 지냅니다.

두 사람은 어긋났습니다. 비밀이 두 사람을 갈라놓았습니다. 이 어긋남은 언젠가 드러납니다. 실은 서로 이해하지 못했다는 사실이 밝혀집니다.

사실 엄마는 나를 긍정해주지 않았던 거야.

딸은 그 점에 깊게 상처받습니다. 큰 결심을 하고 알린 비밀을 부정당하는 것은 존재를 부정당하는 것이나 마찬가지입니다. 그래서 딸은 "엄마한테도 편견이 있네" 하고 공격합니다. 그 말에 엄마도 깊게 상처받습니다. 두 사람은 상처를 주고받습니다. 딱한 일입니다. 이대로 연결이 끊어져버릴 수도 있는 상황입니다. 비밀을 털어놓는 것에는 그만큼 위험이 따릅니다.

그렇지만 다시 연결되는 경우도 있습니다. 이 사례에서 엄마와 딸은 관계를 회복해나갔습니다. 시간을 들여서, 주위의 도움과 지지를 받아가며, 그리고 무엇보다 서로를 도와가며.

엄마는 딸을 이해하려고 노력합니다. 성 소수자에 관한 책을 여러 권 읽고, 정보를 모으고, 공부를 거듭했습니다. 그 과정에서 자신에게 난 상처를 이해하고, 딸의 마음이 얼마나 절실했는지 알아갔습니다. 딸 역시 엄마의 마음을 생각하고 이해하려는 시간을 보냈습니다. 딸은 엄마가 읽으면 좋을 책을 추천하기도 했습니다. 상처 입은 관계를 회복시키기 위해, 두 사람은 서로가 서로에게 힘을 빌려준 것입니다.

상처를 주고받는 동안 그들은 고독합니다. 고통스러운 시간입니다. 하지만 그것은 접촉을 계속 시도한다는 증거이기도 합니다. 닿으려고 하기 때문에 상처를 주는 것입니다. 그 시간은 상대가 진짜 어떤 사람인지를 조금씩 가르쳐주기도 합니다. 그들은 서로에 대해 다시 배워나간 것입니다.

이때 두 사람은 예전의 관계로 돌아가는 것을 목표로 삼지 않습니다. 낡은 관계를 새로운 관계로 만들려는 시도가 일어납니다. 실제로 레즈비언이라는 딸의 비밀을 받아들임으로써 두 사람은 예전보다 솔직하게 이야기를 나누게 되었고, 서로를 마주 볼 수 있었습니다. 서로에게 상처를 입혔던 괴로운 시간은 두 사람이 깊게 연결될 수 있도록 해주었습니다.

물론 '상처 주고받기'와 관계의 재건은 성 소수자와 그 주변인에게만 일어나는 일은 아닙니다. 부모 자식은 서로에 대해 잘 아는 것처럼 보이지만 실은 잘 모르는 부분이 자꾸만 늘어가는 관계입니다. 그래서 이따금 비밀을 털어놓고 관계를 갱신해나갈 필요가 있습니다. 그렇지 않으면 어느 순간 함께 있을 수 없게 됩니다. 고독은 언제라도 우리를 쫓아옵니다.

부모 자식뿐만이 아닙니다. 파트너와의 관계에서도, 친한 친구와의 관계에서도, 선생님과 제자의 관계에서도 같은 일이 일어납니다. 시간이 지나면 상황은 변하고 사람은 바뀝니다. 비밀은 무한히 생겨납니다. 그러므로 그 관계를 이어나가려면 각 단락마다 비밀에 깊게 파고들어야 합니다. 그럼으로써 깊은 상처가 생기는 경우도 있겠지요. 하지만 그렇게 새로운 관계를 계속 다시 만들어나가지 않으면 그 관계는 유지되지 않습니다. 그것이 비밀의 연결입니다.

정리해보지요.

비밀의 연결이란 상처를 주고받는 관계입니다. 이 연결에서는 두 사람 사이에 마찰이 일어나고, 서로 상처를 주고받습니다. 하지만 마찰은 연마이기도 합니다. 비밀을 둘러싼 상처 주고받기는 당신을 상대와 함께 있을 수 있는 형태로 연마시켜줍니다.

비밀은 위험하다

상처를 입히지 않는 공유의 연결과 상처를 주고받는 비밀의 연결.

이제까지 현대의 '사랑하기'에는 두 가지 방법이 있다는 것을 살펴봤습니다. 당신 역시 이 두 가지 연결 방법을 구사하며 타자와 관계를 맺고 고독을 방지하려 하지 않았나요?

하지만 주의해야 할 점이 있습니다.

비밀의 연결에는 리스크가 있습니다. 부모 자식이나 연인 관계에서 가혹한 폭력이 일어나기도 하고, 상사와 부하 관계에서는 직장 내 괴롭힘을 경계해야 합니다. 비밀의 연결이 가진 '상처 주고받기'는 단순한 지배나 착취, 돌이킬 수 없는 폭력의 원인이 될 위험이 있습니다. 둘만 아는 밀실에서 상처 주고받기가 시작되면 억제하기 힘들어집니다.

비밀의 연결에서는 의미 있는 상처 주고받기도 발생하지만, 그저 파괴에 지나지 않는 일방적인 폭력도 일어납니다. 그러니 당신이 지금 이루고 있는 관계가 후자라면 뒤도 돌아보지 말고 도망쳐야 합니다.

이 부분이 어렵습니다. 비밀의 연결은 복잡한 상처가 서로 뒤얽혀 이루어집니다. 사람과 사람을 갈라놓는 것도 상처이지만 사람과 사람을 깊게 연결시키는 것도 상처입니다.

함께 살아간다는 건 그런 일입니다. 거기에는 남들에게는 말 못할 꼴사나운 것이 잔뜩 있고, 둘밖에 이해할 수 없는 추한 일이 많이 일어납니다. 그런 관계에 머무르며 복잡한 것에 대해 복잡한 그대로 이야기를 나누는 것. 비밀의 연결은 그것을 통해서만 깊어집니다.

조각배로 변한 우리는 이제 그런 복잡함을 견디기 힘듭니다. 조각배끼리의 관계에서는 주고받는 상처가 쉽사리 치명상이 됩니다. 실제로 그 관계에 머물러만 있다면, 돌이킬 수 없는 사태가 벌어지는 경우도 있습니다.

타자에게 깊이 파고드는 것, 그리고 타자가 나에게 깊이 파고드는 것에는 위험이 따릅니다. 여기에 우리 시대의 근원적인 두려움이 있습니다.

타자는 두렵습니다.

공유가 먼저, 비밀은 나중에

그래서 일단은 공유로 연결되는 편이 좋습니다. 힘들 때 푸념을 늘어놓을 동료가 있으면 도움이 되고, 외로울 때는 친구를 만나면 좋습니다.

조각배는 취약합니다. 그렇기 때문에 궁지에 몰릴 때는 일단 공유의 연결이 필요합니다. 상처 입지 않는 관계로 안전을 확보하고, 서포트를 받고, 태세를 정비하는 것이 선결 과제입니다. 뒤집어 말하면, 궁지에 몰렸을 때 비밀의 연결은 금기

4 — 연결은 여러 가지 | **155**

입니다. 그럴 때 비밀의 연결을 추구하면 우리는 상대에게 지배당하거나 상대를 지배하고 싶어집니다.

이런 사정이 있기 때문에 멘탈 헬스 케어의 세계에서는 공유의 연결을 추천합니다. 예컨대 당사자끼리 만든 자조 그룹이 얼마나 사람을 지탱해주는지는 널리 알려져 있고, 공유의 연결을 가능케 하는 커뮤니티나 그런 장소를 만드는 작업도 활발하게 진행되고 있습니다. 밀실에서 둘이서만 하는 상담보다는 넓은 공간에서 많은 사람들이 참여할 수 있는 그룹상담이 최근의 트렌드인 것 역시 이러한 흐름을 보여주는 것이겠지요. 공유 쪽이 안전합니다. 그건 분명합니다.

하지만 저는 동시에 이런 생각도 합니다. 공유의 연결 또한 만능은 아닐 거라고요.

모든 일에는 장점과 단점이 있고 작용과 부작용이 있습니다. 그것이 보조선의 이치였습니다. 공유의 연결에도 당연히 한계는 있습니다. 그러므로 당신의 로프가 공유의 연결로만 이어진다면, 오히려 고독해질 때도 있지 않을까요?

주위 사람 모두와 비밀의 연결을 맺을 필요는 없고, 그런 관계가 있는 편이 언제나 좋은 것도 아닙니다. 그것은 확실히 위험한 관계입니다. 그럼에도 불구하고, 그런 위험 속으로 굳이 뛰어들어서 타자에게 깊이 파고드는 것이 필요할 때도 있지 않은가요? 그렇다면 그것은 어떤 때일까요? 그리고 그렇게 해서 깊게 연결되는 것은 우리에게 무엇을 가져다줄까요?

우리는 이 질문에 대답해야 합니다.

이야기의 힘으로

이런, 바람이 거세졌습니다. 파도도 높고요. 검은 구름이 달을 삼켜서 주위가 캄캄합니다.

큰일이에요! 당신의 조각배에 물이 새기 시작했습니다.

이리로 옮겨 타세요. 얼른요!

됐습니다, 조금 좁지만 참아주세요. 그렇지요, 이제 괜찮아요.

지금부터 가장 위험한 해역으로 들어갑니다. 보세요, 저 소용돌이치는 바닷물을요. 어디에 암초가 숨어 있을지 몰라요. 맹렬한 바람이 불어옵니다.

그래도 앞으로 나아가야 합니다.

비밀의 연결, 그 가장 깊은 곳까지 가야 하지요. 그러려면 보조선만으로는 부족합니다. 추상적이고 도식적인 설명만으로는 연결이라는 극도로 복잡한 것에 맞설 수 없습니다.

필요한 것은 이야기입니다. 이야기라면 복잡한 것을 복잡한 그대로 묘사할 수 있습니다.

그러니 여기에서 다시 K를 등장시켜보지요.

고독한 K와의 상담은 그 뒤 어떻게 되었을까요?

K가 겪은 폭풍 같은 이야기가 우리의 질문에 대답해줄 것입니다.

연결은 이야기가 된다

: 공유와 비밀(두 번째 이야기)

공유의 연결은 상처를 주지 않는 관계, 비밀의 연결은 상처를 주고받는 관계입니다. 조각배로 살아가야만 하는 우리에게는 기본적으로 안전한 공유의 연결이 필요하지만, 가끔은 위험한 비밀의 연결이 필요할 때'도' 있을 것입니다. 여기까지는 이해하셨나요?

그렇다면 그것은 어떤 때일까요? 또한 리스크를 짊어지고 위험한 비밀에 파고드는 것은 우리에게 무엇을 가져다줄까요?

K의 이야기를 기억하시는지요?

맞습니다, 잠을 못 잔다는 그분입니다. 폭군 같은 아버지와 의지가 되지 않는 어머니 아래에서 자란 K는 누구에게도 기대지 않고 홀로 살아왔습니다. PDCA 사이클을 빙글빙글 돌리며, 5성급 호텔의 지배인처럼 타자에게 계속 서비스함으로써 살아남아왔습니다. 그것은 K에게 사회적 성공을 가져다주었지만, 동시에 K를 고독하게 만들고 잠을 빼앗기도 했습니다.

그래서 K는 기나긴 테라피를 시작하게 되었습니다. K와 떠나는 밤의 항해가 '공유와 비밀'의 깊숙한 곳, 즉 '진짜 연결이란 무엇인가?'에 관한 힌트를 줄 것입니다.

밤의 항해: K의 경우

K와 상담을 막 시작한 무렵 저는 무척 기분이 좋았습니다. K가 상담실에서도 호텔리어 같은 서비스 정신을 발휘했기 때문입니다. 마치 연회장을 안내하듯이 매너 있는 태도로 자신의 문제를 알기 쉽게 설명했고, 어떻게 하면 그것을 해결할 수 있을지 유창하게 이야기했습니다.

저는 그저 듣고 있기만 하면 되었습니다. 게다가 이따금 제 생각을 덧붙이면 K는 "정말 그렇군요. 이제까지 깨닫지 못했어요. 듣고 보니 생각이 났는데요…" 하며 새로운 통찰을 말했습니다. 저는 엄청나게 유능한 카운슬러가 된 기분이었습니다.

그뿐만이 아닙니다. 상담을 시작한 지 석 달밖에 지나지 않았는데도 K는 자신이 순조롭게 개선되고 있으며, 수면 문제도 전보다 좋아졌다고 말했습니다.

"상담 덕분이에요."

그리고 뒤따르는 최고의 미소!

하지만.

그럴 리 없습니다. 중학생 시절부터 이어져온 뿌리 깊은 불면증이 그렇게 단기간에 해결될 리 없습니다. 상담은 K의 괴로운 부분을 살피기 위한 것인데도, 어느 틈에 저를 기분 좋게 만들어주는 접대의 장으로 바뀌어 있었습니다.

그만큼 다른 사람에게 기대는 것이 어려웠겠지요. 자신의 PDCA를 스스로 계속 돌리는 K는 상담에서조차 모든 문제를 직접 분석해서 직접 해결하려 들었습니다. "어떻게 하면 좋을까요?" 하며 조언을 구하지도 않았고, 감정적인 부분을 토로하지도 않았습니다.

그래서 저는 "이곳 상담실에서도 호감 가는 사람이 되어서, 괴로워하는 당신이 모습을 드러내지 못하는 게 아닌가요?" 하고 몇 번인가 물어봤습니다. K의 '기대지 못하는 문제'에 대해 이야기를 나눠보려고 했던 것입니다.

하지만 와닿지 않았던 모양입니다. K는 이야기를 할 곳이 있다는 데 감사했고, 자신이 충분히 이야기하고 있다고 느꼈습니다. 애초에 '기대는 것'이 무엇인지 잘 모르는 모양이었습니다.

경험하지 않은 것을 상상할 수는 없습니다. 그만큼 K의 과거에 기대기를 허용하는 타자가 없었던 거라고 생각하면 저는 슬퍼졌습니다.

그렇게 반년쯤 지난 어느 겨울날, K는 상담실에 25분이나 늦게 왔습니다. 처음 있는 일이었습니다. K의 타임 스케줄은 언제나 완벽해서 시간에 정확히 맞춰 현관 벨을 눌러왔기 때문입니다. K는 "늦어서 죄송합니다" 하고 처음에 말한 뒤로는 그 일에 대해 언급하지 않았고, 코트를 벗지도 않은 채 평소처럼 이야기를 하기 시작했습니다. 논리정연하게 지난 일주일 동안의 일을 보고했고, 평소처럼 문제를 분석했으며, 스스로 해결책을 제안하기 시작했습니다.

상담실은 난방이 잘되었습니다. K는 몇 번인가 땀을 훔쳤습니다. 기분 탓인지 호흡이 거칠어진 것 같기도 했습니다. 그래서 저는 막힘없이 이야기하는 K를 저지하고 물었습니다.

"코트 안 벗으셔도 괜찮으세요?"

"아, 그렇군요."

K는 코트를 벗었습니다.

"벗는 걸 깜빡했어요."

저는 다시 질문했습니다.

"지각해서 초조하신가요?"

K는 깜짝 놀라 할 말을 잊은 듯했고, 다음 순간 허둥지둥 입을 열었습니다.

"선생님을 불쾌하게 만든 것 같아서요."

그때 엿보인 것은 완벽하게 행동하지 않으면 위협당하는 K였습니다. 그리고 그렇게 두려워하는 K가, 요 반년 동안의 상담에서도 자신을 완벽하게 컨트롤해서 저에게 기대지 않고 넘어가려 해왔다는 걸 알 수 있었습니다. 그렇다면 K는 어째서 이날 지각한 걸까요? 왜 완벽함을 스스로 무너트린 걸까요?

갑자기 나빠진 컨디션

K가 지각한 이유는 갑자기 컨디션이 나빠졌기 때문이었습니다. 평소처럼 여유 있는 시간에 나왔는데도 난방이 너무 센 지하철에서 느닷없이 구역질이 치밀어 올랐습니다. 필사적으로 억눌렀지만 더는 참을 수 없었습니다. 아슬아슬해진 순간, 도중에 내려 역 화장실로 달려갔습니다. K는 구토를 했고 한동안 움직이지 못했습니다. 정신을 차리고 보니 상담에 제때 갈 수 있는 시간이 아니었습니다.

대체 어떻게 된 일일까요? 제가 물어보자 전날 밤 술을 너무 많이 마셔서 그런 것 같다고 말했습니다.

"얼마나 드신 거예요?"

"위스키 반 병 정도요."

대단한 양이었습니다. 까닭을 물었더니, K는 상담을 시작한 뒤로 술을 먹는 양이 조금씩 늘어났다고 했습니다. 밤에 잠이 안 오면 불안해져서 술을 많이 마시게 된 것입니다.

"왜 여태까지 말씀을 안 하셨어요?"

"여기에서 할 이야기가 아니라고 생각했어요."

K는 괴로운 듯이 말했습니다.

"제 스스로 어떻게든 해결해왔고요."

"오늘의 지각은 우연일 수도 있지만, 결과적으로 보면 사실은 무언가가 컨디션이 나쁜 당신을 여기로 데려온 것이 아닌가요?"

K 안의 기수가 아니라 말이 일부러 지각하게 만들지 않았나. 제가 하고 싶은 건 그런 이야기였습니다.

"잘 모르겠어요."

K는 당황했습니다.

"'컨디션 나쁜 자신'을 저한테 알리고 싶은 당신이 있었던 건지도 몰라요."

저는 거듭 말했습니다.

"즉, 기대고 싶은 당신이 있었던 건지도 모르죠."

K는 부정하지 않았습니다. 잠시 침묵한 뒤 몸에 힘을 빼고 소파에 기댔습니다.

"그럴 수도 있고, 아닐 수도 있어요."

그 뒤로 상담 분위기가 조금 바뀌었습니다. 호텔리어

같은 태도는 여전했지만 K는 이따금 침묵하게 되었습니다. 상담은 K가 서비스만 하는 시간이 아니라 자신의 언어를 찾는 시간도 되었던 듯했습니다. 그러자 그전까지는 불면증만 문제라고 말했었는데, 불안과 침울, 자기혐오 등의 괴로운 감정이 나날이 생겨나고 있다는 것도 이야기하게 되었습니다.

문제는 밤의 음주뿐만이 아니었습니다. 일과 시간에도 컨디션이 나쁜 K가 있었습니다. 일을 하다가 갑자기 자기혐오에 빠지는 경우가 늘어났던 겁니다. 그럴 때는 혼자가 될 수 있는 회의실로 도망쳐 들어가 마음을 가라앉혔던 모양입니다.

갑자기 컨디션이 나빠지는 것. 그것은 근 반년 동안 전혀 이야기하지 않은 K의 모습이었습니다.

움직이기 시작한 말

상담이라고 하면 상담사에게 기대어 상처를 털어놓는 장면을 상상하실 수도 있습니다만, 실제로는 그리 간단한 일이 아닙니다. 특히 K처럼 지나치게 '자립'한 사람은 상담에서도 그 '자립'을 유지하려고 합니다. 다른 방식을 모르기 때문이지요.

그래도 우리가 매주 만나는 것은 K에게 '기대고 싶다'는 마음을 조금씩 심어준 듯했습니다. 계속 만나다 보면 사람은 서로 친숙해집니다. 그 친숙함이 여태껏 K가 동결시켜 온 부분을 천천히, 조금씩 움직이게 했을 테지요.

그러자 K는 컨디션이 나빠졌습니다. 상처 입은 말 부분이 느릿느릿 움직이기 시작할 때 그런 일이 일어나는 경우가 있습니다. 아무에게도 기대지 못하는 동안에는 상처 입은 K가 마음속 깊은 곳에 억눌러져 있었지만, 기대고 싶어지자 그것이 표면으로 드러나기 시작했습니다. 스스로 알아차리지 못하게 억눌러둔 자기혐오나 불안을 느끼는 건 괴로운 일입니다. 그렇기 때문에 K는 술의 양을 늘려서 그 감정들을 마비시키려 했겠지요.

하지만 일단 움직이기 시작한 말은 그리 쉽게 멈추지 않습니다. 말은 지하철 안에서 날뛰어 K를 지각하게 만들었습니다. 상담실에 제시간에 나타나지 않는 수법으로 사실은 괴로운 K가 있다는 것을 드러냈습니다. 그 이후 우리는 K의 상처 입은 부분에 대해 조금은 이야기를 나눌 수 있게 되었습니다.

물론 그것은 어디까지나 아주 조금뿐이었습니다. 상담은 이제 겨우 초입에 들어선 것입니다. 하지만 희망적인 건 시작이 나쁘지 않다는 겁니다.

PDCA를 돌리는 동료들

상담을 시작하고 딱 1년이 지난 무렵, K는 예정대로 본격적인 창업 준비에 돌입했습니다. 무척 힘든 일이었습니다. 매일 하는 회사 업무에 더해 다양한 사람을 만나고 여러 가지 작업을 해야 했습니다. 생각지도 못한 문제가 계속 생겼고, 생각대로 되지 않는 일이 산더미처럼 쌓였습니다. 그래도 K는 타고난 관리 능력으로 꺾이지 않고 맞섰습니다. 문제를 해결하기 위해 PDCA 사이클을 계속 돌린 것입니다.

단, 예전과는 조금 달라진 부분도 있었습니다. K는 가끔 앓는 소리를 하거나 푸념을 늘어놓게 되었습니다. 거래처 사람의 거만함이나 동료의 몰이해, 아무리 노력

해도 결과가 전부인 일의 잔혹함 등, 날마다 발생하는 힘든 문제를 상담에서 말했습니다. 그리고 그런 현재진행형의 괴로움에 포개어 어린 시절 경험한 아버지의 거만함이나 어머니의 몰이해, 성적만이 전부였던 시기에 대해서도 이야기하게 되었습니다. 그런 대화를 통해 공유된 점이 있습니다.

K의 뿌리에 있던 건 불안함이었습니다. 예전이나 지금이나 K는 의지할 데 없는 조각배였습니다. 예전에는 기대려고 하면 아버지는 화를 냈고 어머니는 몸이 안 좋다고 했습니다. 지금은 거래처 사람은 심기 불편해하고 동료들은 거북해합니다.

아무도 도와주지 않습니다. 스스로 모든 것을 해야 하고 실패하면 자기 책임입니다. 그러니 혼자서 PDCA 사이클을 돌리는 수밖에 없습니다. PDCA는 '신뢰할 수 없는 타자'라는 불확실한 요소를 인생에서 제거하기 위한 K의 방식이었던 것입니다.

따라서 PDCA가 잘 돌아가고 있을 때만 K는 불안을 잊을 수 있었습니다. 자신에게는 혼자서 헤쳐나갈 힘이 있다고 생각했습니다. 하지만 그것은 안심으로 이어지지 않았습니다. 금방 새로운 문제가 생겨서 다시 불안해집니다. 그래서 또 PDCA를 돌립니다. 그것이 K의 인생에서 반복되어온 일이었습니다. 그리고 밤에 잠이 안 와서 불안해질 때, 낮에 자기혐오에 빠져 꼼짝할 수 없어질 때, K는 평소에 마비시켜뒀던 불안에 잡아먹힌 거지요.

K는 그런 자신을 머리로는 이해하고 있었습니다. 그래서 자신을 스스로 비웃었습니다.

"또 혼자서 PDCA 사이클을 돌리고 있네요."

그건 슬픈 웃음이었습니다. 결국 불안을 다루는 다른 방법을 찾지 못했으므로 K는 같은 행동을 계속할 수밖에 없었고, 저 역시 이에 대해 어찌할 도리가 없었습니다.

상처가 거기에 있다는 사실은 공유되었습니다. 그러나 상담실에 앉아 있을 때 K는 늘 우수한 비즈니스 우먼이었습니다. 불안이 은연중에 나타나는 경우도 있었지만 우리는 그것에 제대로 가닿을 수 없었습니다. 같은 방에 함께 있어도 K는 계속 고독했습니다. 상담은 벽에 부딪쳤습니다.

그런 시기에 K가 이따금 K'답지 않은' 말을 한다는 것을 저는 깨달았습니다. "친구랑 이야기를 했는데요"라든지 "친구가 그러던데요"라는 말을 앞에 붙이기 시작한 것입니다. 그때까지 K의 이야기에 등장했던 건 자신을 이해해주지 않는 '적'뿐이었는데도요.

자세히 물어보자 창업 관련 모임에서 알게 된 남녀 네 사람과 페이스북 메신저 그룹 채팅으로 친밀한 교류를 하고 있다고 말했습니다. 처음에는 어느 프로젝트의 정보 교환을 위해 모인 그룹 채팅방이었지만 언젠가부터 프로젝트와 관계없는 잡담도 나누게 되었습니다. 프로젝트가 일단락된 뒤로도 이 그룹은 해산하지 않았습니다. 오히려 교류는 더욱 가속화되어 하루에 몇 백 건의 메시지가 오갈 때도 있었습니다.

거기에는 이미 창업한 사람도 있었고 K처럼 창업을 준비하는 사람도 있었는데, 공통적으로 그들은 직접 비즈니스를 시작해 자신의 인생을 개척해나가려고 했습니다. K가 고생했던 부분에서 그들도 고생했고, K가 가치를 두는 것에 그들도 가치를 뒀습니다. 모든 멤버가 정밀한 PDCA 사이클을 계속 돌리고 있었습니다. 그들은 많은 것을 공유할 수 있는 동료였습니다.

　열 받는 일을 공유하면 모두가 화를 내며 함께 욕해줬습니다. 곤란한 일을 공유하면 저마다 지혜를 내놓았습니다. 재미있는 일이나 흥미로운 일은 모두 함께 이야기를 나누었고 기쁜 일은 축복했습니다. 그 그룹 채팅은 온갖 일을 공유하는 장이 되었습니다.

　이 연결이 K를 지탱해줬습니다. 창업에 얽힌 갖가지 문제는 그들과 공유함으로써 하나씩 극복해나갔습니다. 그리고 그 이상으로, 누군가를 도와주거나 누군가에게 도움을 받는 연결이 K에게 '나쁜만이 아니야'라는 감각을 가져다주었습니다. 일하는 중간에 시간이 나면 K는 반드시 메시지가 왔는지 확인했습니다. 와 있으면 기뻐서 즉시 답신하는 것이 K의 새로운 일상이 되었습니다.

　어느 날 밤, 늘 그렇듯 잠이 안 와서 그룹 채팅을 하던

K는 이야기의 흐름상 무심코 자신의 어린 시절에 대해 흘리듯 말했습니다. 그것은 상담 때를 제외하면 아무에게도 말한 적 없는, 아버지가 화를 내고 어머니가 떠나 버린 그날 밤의 에피소드였습니다. 좀 이상한 가족을 가벼운 농담 삼아 소개했다고 생각했습니다.

멤버들은 의외의 반응을 보였습니다. 그들 역시 비슷한 어린 시절을 보냈던 것입니다. 구체적인 사정은 각각 달랐지만 부모에게 기댈 수 없었다는 것, 그러기는커녕 그 부모들이 자신을 상처 주고 위협하는 존재였다는 것, 바로 그래서 자신을 지키기 위해 PDCA 사이클을 돌리게 되었고 지금 이렇게 누구에게도 기대지 않고 살아가기 위해 사업에 매진하고 있다는 게 공통된 사항이었습니다. 그들은 일 외적으로도 서로 비슷한 상처를 껴안고 있었습니다.

그것은 대사건이었습니다.

"우리 집은 정말로 평범하지 않았더군요."

그렇게 말하는 K는 살짝 흥분해 있었습니다.

"여기에서도 그런 이야기를 했는데, 사실은 그렇게

생각하지 않으셨던 거예요?"

"선생님한테 그런 말을 들어도 정말 그런 걸까 하고, 맨 마지막에는 납득이 안 갔거든요."

K는 웃었습니다.

"하지만 모두의 이야기를 들어보니 심하다는 생각이 들더라고요. 그렇다는 건 우리 집도 평범하지 않았던 거구나, 하고 납득했어요."

동료들의 상처를 알게 됨으로써 K는 자신의 상처를 실감한 듯했습니다. 그것은 동료들도 마찬가지였습니다. 그들 또한 예전의 자신이 실은 괴로웠다는 사실을 깨달았다고 말하면서, 그럴 기회를 준 K에게 감사를 표했습니다.

이 상처의 공유에 의해 그 그룹은 서로에게 더더욱 특별한 연결이 되어갔습니다. 그곳은 조각배들이 모여들어 잠시 마음을 놓을 수 있는 소중한 장소가 되었습니다.

의존의 분산

처음에는 그런 식으로 K가 타자와 연결될 수 있다는 데 놀랐습니다. 하지만 잘 생각해보니 K의 마음에는 원래부터 타자와 연결될 수 있는 부분이 존재했다는 사실을 깨달았습니다.

K한테는 오빠가 있었습니다. 예전에 K와 오빠는 까다로운 부모를 공유하고 서로 지지해주는 관계였습니다. K에게는 타자에게 기댄 과거가 있었던 것입니다. 그렇게 보면, 이 시기 K는 예전에 존재했던 '여동생'으로서의 자신으로 다시 살아가려고 했던 것 같기도 합니다.

상담도 조금은 도움이 되었을 겁니다. 일주일에 한 번 하는 상담에서 앓는 소리를 합니다. 그런 관계가 거듭되는 가운데 예전에 여동생이었던 시절의 감각이 K 안에서 되살아난 것이겠지요. 단, K 안의 '오빠에게 기대는 여동생' 부분이 활성화되는 것은 그 오빠가 떠나버린다는 공포를 활성화시키는 것이기도 합니다.

타자에게 기대면 배신을 당해 한층 더 상처받을 가능성이 있습니다. 그러므로 역시 고독한 채로 있는 편이 좋습니다. 이 부분에서 상담에는 한계가 있었습니다. 그때 창업가 그룹은 다른 전개를 가져왔습니다. 이는 물론 그들이 같은 것을 공유할 수 있는 사람들이었기 때문이지만, 또 다른 이유가 하나 더 있었을 겁니다.

바로, 연결이 일대일로 맺어지지 않았다는 점입니다. 그것은 여러 사람과의 연결이었습니다. 만날 때는 다 함께 만났고, 메시지도 모두에게 보내고 모두가 받았습니다. '누구 하나'에게 기대는 것이 아니라 '모두에게' 기댑니다. 의존이 분산되는 것입니다.

여기서 저는 뇌성마비 장애가 있는 한 소아과 의사의 에피소드를 떠올렸습니다. 10여 년 전 대지진이 일어났을 때 건물의 승강기가 멈춰서 그는 건물 밖으로 빠져나올 수 없었습니다. 반면 건물에 있던 다른 사람들은 비교적 수월하게 대피했습니다. 계단이나 사다리를 이용해서요. 이 경험 후 그는 이렇게 생각했습니다. 장애인이 '의존'적인 이유는 의존처가 한정되어 있기 때문이며, 비장애인이 '자립'해 있는 것처럼 보이는 이유는 의존처가 많기 때문이다. 따라서 '자립이란 의

존처를 늘리는 것'이다, 하고요.

공유의 연결에서 '모두'가 본질적인 요소인 이유는 여기에 있습니다. 한 사람에게 기대는 것보다 모두에게 기대는 편이 안전합니다. 한 가지에 전면적으로 의존하면 배신당했을 때 대참사가 일어나지만, 여러 가지로 의존을 분산시키면 위험도를 줄일 수 있습니다. 또한 여러 사람에게 조금씩 나눠 맡기는 건 서로의 부담을 가볍게 만들어줍니다. 의지가 되는 쪽은 의존을 받아들이기 쉬워지고, 의지하는 쪽도 안전을 확보하면서 의존할 수 있습니다.

공유의 연결은 '모두'와의 연결이기에 안전한 것입니다. 단, 그렇게 여러 사람을 상대로 의존을 분산시키기 때문에 발생하는 한계도 있습니다.

D의 이탈

공유의 연결로 지탱된 상담 2년 차 후반은 K에게 풍요로운 시기였습니다. K는 안정되었습니다. 불면증에는 큰 변화가 없었지만 불안과 자기혐오, 침울은 상당히 완화되었습니다. 예전이라면 컨디션이 나빠졌을 틈

새 시간은 동료들과의 그룹 채팅이 메워줬습니다.

정신적인 측면뿐만이 아닙니다. K의 인생도 착실히 앞으로 나아가고 있었습니다. 드디어 회사를 그만두고 창업을 단행하기로 한 것입니다. 그렇다 해도 K는 갈등하고 망설이며 지금 회사에 남는다는 선택지를 마지막까지 남겨두었습니다.

그때 힘이 되어준 건 역시 동료들이었습니다. 특히 동료 중 한 사람인 D가 "실패하면 또 다른 회사에서 일하면 돼" 하고 격려해준 것이 큰 도움이 되었습니다.

"K라면 어디서든 일할 수 있잖아. 뭣하면 우리 회사에 와."

그 말에 K는 힘을 얻었습니다. 과감하게 결단을 내릴 수 있었던 것입니다.

리스크를 회피하며 착실하게 앞으로 나아가는 것은 K의 특기입니다. 그것을 위해 K는 PDCA 사이클을 계속 돌렸습니다. 엄청나게 바빴지만 꼼꼼히 준비한 덕도 있어서 사업은 어떻게든 출항할 수 있었습니다. 그 경험이 조금은 K에게 자신감을 불어넣어준 듯했습니다.

하지만 좋은 시기는 오래가지 못했습니다. 그룹에서 변화가 일어난 것입니다. 주요 멤버이자 K에게 힘을 실어준 D가 그룹을 떠났습니다. 그 무렵 D는 사업이 잘 풀리지 않았습니다. 거래처 몇 군데에서 배신을 당했고 매상은 줄어들었으며 자금 융통은 한계에 달해 있었습니다. K에게 했던 조언은 어쩌면 불안한 자기 자신에게 하는 말이었을지도 모릅니다.

회사원 시절 부업으로 시작해 독립한 뒤로 몇 년 동안 계속해온 사업. D는 그 사업을 일단 접기로 했습니다. 빚이 없었던 것이 그나마 다행이었습니다. D는 원래 회사에서 일하는 엔지니어였으니 우선은 회사원으로 되돌아가기로 했습니다. 이 일은 그룹에 충격을 안겨주었습니다. 그들은 어려움의 극복을 공유함으로써 연결되어온 동료들이었기 때문입니다.

K를 비롯한 동료들은 걱정하며 D에게 힘이 되어주려고 했지만, 거기에는 온도 차가 있었습니다. 미래를 향해 도전하는 동료들과 실패해서 물러나는 D. 그들 사이에는 메울 수 없는 격차가 있었던 것입니다. 공유할 수

없는 것이 생겨나고 있었습니다. D는 조금씩 그룹과 거리를 두게 되었습니다.

"미안해, 요즘 바빠서."

메시지의 답신은 밀렸고 술자리에는 참석하지 않게 되었습니다. 모두가 D를 걱정했지만 별다른 도리가 없었습니다. 어떻게 말을 걸어야 할지 몰랐고 메시지를 보내도 반응이 없었습니다. 형편의 차이가 D를 상처 입혔습니다. 그룹은 삐거덕거렸고 서먹함이 감돌았습니다.

결국 D가 먼저 그룹 채팅방에서 나가겠다고 말했습니다. D도 배려했던 거겠지요. 큰 충돌이 생기기 전에 거리를 두려고 했던 것입니다. 이리하여 D는 조각배로 혼자 다른 항해를 하기 위해 떠나갔습니다.

그것은 이 그룹이 맞이한 첫 위기였습니다. 다섯 명이었던 멤버는 네 명으로 줄어들었습니다. 하지만 연결은 끊어지지 않았습니다. 아니, 오히려 예전보다 활발해졌다고 해도 좋겠지요. 그들은 연결을 지키기 위해 긴밀한 교류를 이어갔습니다. 점차 D가 없는 것에 익숙해졌고, 어느새 D 같은 사람은 원래부터 존재하지 않았던 양 그 연결은 자연스러움을 회복했습니다. 예전과 다름없이 메시지가 오갔고, 그들은 다방면에서 서로를 계속 도왔습니다. 하지만 K는 이 사건으로 아주 불안정해졌습니다. 말로 표현할 길 없는 외로움에 사로잡힌 것입니다.

"이 그룹이 영원한 건 아니라고 생각하니 왠지 슬퍼졌어요."

K는 상담에서 그렇게 말했습니다. 그러자 예전에 있었던 불안과 자기혐오가 다시 K를 덮쳤습니다.

이 건에 대해 이야기를 나누던 중 알게 된 점은, K가 D의 탈퇴를 오빠가 집을 나가 사라져버렸을 때의 재현처럼 느낀다는 것이었습니다. 오빠는 원래부터 없었어. 그런 식으로 행동하는 부모님과 그 분위기에 맞춰야만 했던 예전의 자신이 떠올랐습니다.

연결은 덧없습니다. 그러니 존재가 지워지지 않도록 계속해서 좋은 성적을 받아야 합니다. 어린 K가 느꼈던 불안이 재연되고 있었습니다. 그것은 동료들에게는 말 못할 일이었습니다. 그런 말을 하면 그들에게 상처를 줘서 그룹이 망가지지 않을까. K는 그렇게 걱정했습니다.

대신 K는 의외의 행동을 하기 시작했습니다. 마치 떠나간 오빠를 뒤쫓듯이 D와 빈번하게 연락을 주고받으며 둘이서만 만나게 된 것입니다. 이제까지 도움을 받은 만큼 D를 도와주고 싶다. K는 그렇게 이야기했으나 아마 그뿐만은 아니었을 겁니다. K 자신은 의식하지 못했을 수도 있지만, K의 말馬은 '더 단단히 연결되고 싶어' 하고 바랐던 거겠지요. 공유의 연결이 가지는 한계에 직면함으로써 K에게는 '외롭다'라는 감정이 생겨났습니다.

D 역시 외롭고 불안했겠지요. 그들은 밀접하게 연락을 주고받으며 만나게 되었습니다. 두 사람은 급속도로 친밀해졌습니다. 그렇습니다. 연인 관계가 된 것입니다.

놀라운 일이었습니다. 상담은 시작한 지 3년째로 접어들고 있었는데, K는 그동안 교제는커녕 남자에게 호감을 느낀 적도 전혀 없었습니다. 또 과거에 몇 번쯤 남자를 사귄 적은 있었지만 전부 단기간에 끝났습니다.

본인의 일만으로 아등바등했던 K의 마음에 타자가 들

어울 공간이 생겨났습니다. K는 D를 원했고, D도 K를 원했습니다. 그러자 더욱 놀라운 일이 일어났습니다.

두 사람이 처음으로 1박 여행을 갔을 때의 일입니다. 직전의 상담에서 K는 불안을 털어놓았습니다. 낯선 숙소에서 과연 잠을 잘 수 있을까? 역시 안 가는 편이 좋지 않을까? 몹시 걱정했습니다.

하지만 그건 기우였습니다. K는 푹 잤습니다. 옆에 안심되는 사람이 있다는 것이 K를 잠잘 수 있게 해준 모양입니다. 깨어났을 때 아침 햇살이 커튼 틈으로 비춰 들었고, 높은 지대에 있는 호텔 베란다에서 새들이 지저귀는 소리가 들려왔습니다. 최근 몇 년 동안 갖지 못했던 자연스럽고 상쾌한 수면이었습니다.

그다음 상담에서 K는 기쁜 기색으로 그간의 일을 이야기했습니다. 마치 소녀처럼 천진하게 말입니다. 자연스럽게 잠을 자는 것. 그것이야말로 처음 상담을 받으러 왔을 때의 목표였으니 그 기쁨을 음미하고 있었습니다.

그리고 절절하게 지난 2년 반의 시간을 돌아보며 자

신의 변화를 실감했습니다. 앓는 소리를 할 수 있게 되었고, 동료를 만들었고, 사업체를 경영하게 되었습니다. 연인이 생겼고, 잘 수 있게 되었습니다. 그것은 커다란 성과였습니다. '지금 여기에 있는 나는 예전의 나와 다른 사람이야.' K는 만족감을 드러내며 상담을 받으러 오기를 잘했다고 말했습니다.

저도 잘됐다고 생각했습니다. 그러나 덮어놓고 기뻐할 수는 없었습니다. 정말 중요한 부분에는 아직 손을 대지 못했다고 느꼈기 때문입니다.

하지만 K는 자신이 타자와 함께 있을 수 있다는 점에 기뻐했습니다. 저는 그 사실 자체가 값지다고 생각했습니다. 그리고 이대로 여러 가지 일이 잘 풀리기를 바라기도 했습니다.

조각배들의 모임

공유의 연결에는 덧없음이 있습니다. 가령 아이 엄마들의 연결은 아이의 성장과 함께 흐지부지되고, 학창 시절 친구들과의 동창회 같은 것도 멤버 각자가 결혼하거나 바빠지면 잘 열리지 않게 됩니다.

인생의 한 시절 거처가 되어줬던 연결은 어느새 끊어지고 맙니다. 공유를 통해 연결되는 관계는 각자의 인생 국면이 변해서 공유할 수 있는 것이 적어지면 덧없게 끊어집니다.

그렇게 생각하면 왠지 슬퍼집니다. 하지만 그런 덧없음은 공유의 연결이 가진 장점이기도 합니다.

생각해보세요. 아이 엄마들 그룹에서 나가려면 구청에 신고서를 내야 한다거나, 10년 뒤까지 동창회 스케줄이 정해져 있다면 진절머리가 나겠지요. 공유의 연결은 자유롭게 참가할 수 있고 자유롭게 빠질 수 있기 때문에 좋습니다. 자유로운 조각배가 자유롭게 모여든다는 건 그런 일입니다.

다시 말해 공유의 연결에서는 각각의 조각배가 최종적으로 고독을 받아들일 필요가 있습니다. 자신은 자신, 타인은 타인. 사람들은 그 선을 지켜가며 연결됩니다. 그게 좋습니다. 그래도 외롭긴 합니다.

D가 그룹을 떠났을 때 K는 그 고독을 통감했겠지요. 그렇기 때문에 K는 한층 더 깊은 연결을 원했습니다. 그것이 D와

비밀의 연결을 시작하는 원동력이 되었습니다. 그 결과 K는 잠을 잘 수 있게 되었습니다. D와 함께 있을 때 K의 불안은 가라앉았습니다. 타자와 단단히 연결되어 있다는 안도감을 체험한 것입니다.

마치 두 사람이 각자의 조각배에서 내려 하나의 조각배에 올라탄 듯했습니다. 좁은 조각배 속에서 두 사람은 마음과 마음을 맞댈 수 있었습니다. K는 그런 것을 원했겠지요.

그런데 해피엔딩이 되지는 않았습니다. 비좁은 조각배, 밖에서는 잘 보이지 않는 비밀스러운 밀실에서는 상처가 잔뜩 생기는 경우가 있으니까요.

배신

K와 D의 교제는 진지했습니다. 두 사람은 이미 어른이라고 할 수 있는 나이였으니 데이트를 거듭하는 가운데 장래에 대해서도 이야기를 나누었습니다. 두 사람은 이미 많은 것을 공유하고 있었고, 앞으로 더욱 많은 것을 공유할 수 있을 듯했습니다. 그러니 이대로 관계가 순조롭게 깊어지면 결혼하는 것도 좋지 않을까. 서로가

그렇게 생각하게 되었습니다.

하지만 그 뒤로 K는 이상한 행동을 하기 시작했습니다. D 말고 다른 남자와도 관계를 가지게 된 것입니다. 그것도 한 사람이 아닙니다. K에게는 가끔 만나 함께 자기도 하는 상대가 셋이나 있었습니다.

다른 누구보다 K 자신이 그 사실에 대해 당황했습니다. 과거에도 남자와 (단기간에 끝나긴 했어도) 친밀한 교제를 한 적은 있었지만 그 기간에 다른 사람과 관계를 가진 적은 없었습니다. 애초에 그런 관계를 또 가지려고 생각한 적조차 없었고요. 그런데도 어째서인지 지금은 여러 명의 상대가 있습니다.

"저도 잘 모르겠어요. 정신 차리고 보니 그렇게 되어 있었거든요."

"당신은 무엇을 원하는 걸까요?"

저는 물었습니다.

"리스크가 있는 것 같은데요."

"모르겠어요."

K는 망설이며 대답했습니다.

"D가 상처 입으리라는 건 알지만, 참을 수 없이 다른 사람한테 연락하고 싶어질 때가 있어요."

그 뒤로도 다른 남자를 만나는 나날이 이어졌습니다. 그렇게 하는 것이 자신에게도, D에게도 좋지 않다는 사실은 알고 있었습니다. D를 소중히 여겨야 해. 그건 알아. 하지만 멈출 수 없어. D와 데이트를 한 뒤에 다른 남자를 만나러 갈 때조차 있었습니다.

무슨 일이 일어나고 있는 걸까요? 왜 이렇게 되어버리는 걸까요? 이 시기 우리는 이 문제에 대해 몇 번이나 거듭 이야기를 나누었습니다.

그렇게 해서 알게 된 사실은 K가 다른 남자를 만나고 싶어지는 건 D와의 사이에서 상처를 입었을 때라는 점입니다. 얼핏 보기에 순조로운 듯했던 두 사람의 관계에 실은 어려운 문제가 생겨나고 있었습니다.

사업에 실패해 본의 아니게 회사원으로 돌아간 D는 인생에서 어려운 시기를 보내고 있었습니다. D 나름대로 그런 상황을 견디며 자신을 컨트롤하려고 하긴 했지만, K 앞에서는 날마다 쌓인 불안을 폭발시켰습니다. 이

놈이고 저놈이고 다 멍청해. 바보들뿐이야. 내 가치를 아무도 몰라. K 앞에서 D는 거친 말투로 주위 사람들을 욕했습니다.

K는 필사적으로 받아들였습니다. D의 괴로움은 이해가 갔습니다. 그 부분은 공유되었습니다. 그래서 힘이 되어주고 싶었습니다. 그럴 때 K는 호텔리어 같은 서비스 정신을 발휘해서 상냥하게, 감싸듯이 D를 대했습니다.

그러나 D의 태도는 더더욱 방약무인해졌습니다. 불평 없이 받아주는 여자 친구를 당연시하며 깔아뭉개려고 한 것입니다. 마치 어린애가 어머니에게 감사하는 마음을 가지지 않는 것과 같은 거만함이었습니다.

D는 K의 업무 방식에 대해 오만한 시선으로 평가를 덧붙였고, K의 의견에 귀를 기울이지 않게 되었습니다. 때때로 K의 겉모습이나 체형을 비웃었습니다.

아마도 D 본인이 상처를 입어서 자신을 무가치하고 비참한 존재라고 느꼈을 겁니다. 그리고 자신이 비참하다고 느끼는 것이 괴로우니까 대신 K를 비참하게 만든 거겠지요. 불행할 때 우리는 '싫은 사람'이 되기 쉽습니다.

K는 그런 D를 계속 돌봤습니다. 하지만 공연히 짜증이 치밀기도 했습니다. K 스스로도 이상했습니다. 이제까지 다른 사람에게 짜증이 난 적이 거의 없었기 때문입니다. 그럼에도 K는 짜증을 억누르며 5성급 호텔리어의 미소를 지어 보였습니다. 그리고 다른 남자와 연락을 주고받았습니다.

K는 위태로운 상태였습니다. K의 마음에는 복잡한 응어리가 소용돌이쳤습니다. 스스로도 알 수 없는 모순된 감정이 웅성거렸습니다. 우리는 그것을 정리하기 위해 대화를 계속 나누었습니다. 자신을 함부로 대하는 D에 대한 분노, D를 배신하고 있다는 죄책감, 그런 감정을 혼자 껴안고 있어야만 하는 불안. 그뿐만이 아닙니다.

짜증이 치솟는 건 K가 D에게 기대를 품고 있었기 때문입니다. D는 이제까지 만난 사람들과 다르지 않을까. 그런 희망을 가지고 있었기 때문입니다. 그 관계는 K를 상처 입혔지만, '나한테 상처 주고 있다는 걸 알아줬으면' 하고 바라는 K도 있었습니다. 그래서 화가 났습니다. 그런 식으로 타자에게 기대하는 자신이 있다는 것에 K는 더더욱 혼란스러웠습니다. 그런 자신은 처음이었습니다.

파국은 갑작스레 찾아왔습니다. 어느 날 K가 D의 집에서 샤워를 하고 있을 때, 책상 위에 놓아둔 K의 스마트폰이 진동했습니다. D가 무심코 들여다봤더니 거기에는 다른 남자로부터 온 메시지가 떠 있었습니다.

'다음엔 언제 만날까?'

모든 것이 탄로 났습니다. 배신당했다. D는 그렇게 생각했습니다. 새파랗게 질려서 몸이 굳었습니다. 눈앞의 광경을 믿을 수 없었습니다. D는 혼란에 빠져 욕실에 있던 K에게 "뭐야, 이건!" 하고 커다랗게 고함쳤습니다. 깊게 상처 입을 때 사람은 그 아픔을 어떻게든 처리하기 위해 상대에게 상처를 주려고 합니다. 자신이 입은 상처보다 더 심하게 말입니다.

"대체 어떻게 된 거야!"

D는 거친 말투로 K를 몰아세웠습니다.

"뭐라고 말 좀 해봐!"

K는 아무 말도 할 수 없었습니다. 무슨 말을 하면 좋을지 알 수 없었습니다.

'결국 이런 날이 왔구나.'

K의 머릿속에는 그 생각만 가득했고 마음은 얼어붙었습니다. 막 샤워하고 나와서 아직 젖은 머리카락으로, D에게 어쩔 도리 없이 계속 매도당하는 수밖에 없었습니다. 그것은 마치 아버지에게 끝도 없이 혼났던 그날 밤의 재현 같았습니다.

K는 연신 상처 입을 수밖에 없었고, D 역시 고함을 치면 칠수록 상처가 깊어졌습니다. 비밀의 연결은 상처가 가득한 곳이 되었습니다. 그들은 스스로를 해치고 파괴하게 되었던 것입니다.

혼란

그 일이 있고 이틀 뒤, 상담실에 온 K는 매우 초췌한 모습이었습니다. 얼굴은 홀쭉해졌고 피부는 거칠었으며 눈빛은 멍했습니다. D와의 사이에서 일어난 일을 이야기하다가 몇 번이나 오열했습니다.

K는 평소의 정신 상태가 아니었습니다. D의 새파랗게 질린 표정과 멈추지 않는 욕설이 머릿속에서 반복 재생되었고, D한테서 버림받을 거라는 불안에 압도되었습니다. 자기혐오로 죽고 싶어졌고, 자신이 너무나 비참하다고 느꼈습니다. 그 불안은 곧 강렬한 고독감과 파멸감으로 변모해서 K는 이틀 동안 한숨도 자지 못했습니다.

"어쩌면 좋을지 모르겠어요."

K는 신음했습니다.

"그냥 죽고 싶어요."

실제로 K는 몇 번이나 맨션 베란다에서 뛰어내리려고 했습니다. 멍한 표정으로 K는 이런 말을 되풀이했습니다.

"사라지고 싶어요."

위기 상황이었습니다. 눈앞의 K는 잘못 접근하면 부서져버릴 것 같았습니다. 하지만 그런 상황에서도 저는 K가 상담을 받으러 왔다는 사실을 값지게 느끼고 있었습니다. 그때 K는 자신의 가장 취약한 부분을 드러내며 도움을 요청하고 있었습니다. 그것은 예전의 K에게는 있을 수 없는 일이었습니다.

여하튼 잠을 잘 필요가 있다. 저는 그렇게 생각했습니다. K는 혼란스러워했고, 자꾸자꾸 나쁜 생각이 떠오르는 걸 멈추지 못했습니다. 무언가를 돌아보거나 정리할 만한 상황이 아니었습니다. 일단은 그 혼란을 진정시켜야 했습니다. 생각하는 것은 그다음입니다. 이를 위해 일을 쉴 필요가 있었고, 의료의 힘을 빌릴 필요가 있었습니다.

저는 불안을 진정시키고 잠을 자게 해주는 약을 처방받아 먹기를 권했습니다. 일어난 문제에 대처하려면 우선은 휴양이 필요하다고 말하면서 처방전을 건넸습니다. 일단은 위기를 극복해야 했습니다.

K는 그것을 거절했습니다.

"싫어요. 약에는 기대고 싶지 않다고 처음에 말씀드렸잖아요."

숨이 멎을 정도로 단호한 말투였습니다. 눈에는 강렬한 분노가 서려 있었습니다.

"그러려고 여기에 온 거잖아요."

저는 무언가를 잘못한 것 같았습니다. 하지만 상담 시간은 벌써 끝나가고 있었습니다. 금방 다음 내담자가 올 것입니다. 지금은 이야기를 이어나갈 수 없습니다.

"알겠습니다. 다음 주에 다시 한번 이야기해요."

어떻게든 다음 주로 이어가고 싶다. 그런 마음이었습니다. 그러자 K는 갑자기 호텔리어로 변해서 정중하게, 하지만 몹시 차가운 목소리로 말했습니다.

"잘 알겠습니다."

의도적인 쌀쌀맞음이 배어났습니다. K는 납득하지 못했던 것입니다.

역시나 K는 그다음 주에 오지 않았습니다. 상담을 취소하겠다는 연락조차 없었습니다. 다다음 주도 마찬가지였습니다. 저는 너무나 불안했습니다. 자살하는 게 아닐까. 실제로 그런 일이 일어나도 이상하지 않은 상태였고, 무엇보다 저는 K가 도움을 요청하며 내민 손을 잡는 데 실패한 셈이니 격렬한 죄책감에 휩싸였습니다.

그러나 한편으로는 사태를 파악하고 냉정하게 생각

하려는 제가 있었습니다. 조금 더 기다려보자, 침착해야 해. 시간을 잘 활용해야 해. 냉정한 쪽의 저는 그렇게 말했습니다.

저는 기다렸습니다. 메일이 온 것은 그로부터 3주가 지난 뒤, 원래라면 상담을 해야 할 시간이었습니다. 무단으로 상담에 빠진 만큼의 요금을 계좌이체로 내겠다, 그리고 상담은 이제 끝내겠다. 그런 내용이 일방적으로 통지되어 있었습니다. 사무적인 문면이었지만 분노가 스며 나왔습니다. 하룻밤 생각한 뒤에 간결하게 답장을 썼습니다. 복잡한 이야기는 만나서 하는 편이 좋습니다.

"연락 감사합니다. 상담을 끝내고 싶으시다는 점 알겠습니다. 단, 그전에 한번 뵙고 이야기를 나누는 편이 좋을 것 같습니다. 생각해봐주시면 감사하겠습니다."

상담을 시작할 때 K와 교환한 계약서에는 상담을 종결할 경우 그에 대해 직접 만나 이야기를 나눈 뒤에 끝낸다는 내용이 있었습니다. 이런 문제가 일어날 때를 대비한 약속이었습니다. 그 약속이 지금도 유효하다는 데 저는 동전을 걸었습니다. 답신은 그날 안에 왔습니다.

"알겠습니다. 평소 가던 시간에 찾아뵙겠습니다."

짧은 메일이었습니다.

미숙한 관계

그때 K에게 일어난 일은 상처 주고받기였습니다. 심지어 너무나 참혹한 상처 주고받기였지요.

먼저 D가 K를 상처 입혔습니다. 그 무렵 D에게는 명백하게 문제가 있었습니다. 자신이 껴안고 있던 비참함을 K를 이용해 해소하려고 했기 때문입니다. 너무나 유치한 태도였다고 말하지 않을 수 없습니다.

D는 인생에서 불운한 시기를 보내고 있었습니다. 다른 사람에게 기대고 싶었을 겁니다. 하지만 그럴 때 어떤 식으로 기대야 하는지 적절한 방법을 몰랐던 거겠지요. 그런 D 앞에 무엇이든 받아주는 K가 나타났으니 억제할 수 없어진 것입니다. D는 유치하고 미숙한 비밀의 부분을 노골적인 형태로 K에게 내던졌습니다.

그럴 때 K는 자신이 상처받는다는 것을 D에게 말하지 못했습니다. 그 대신 다른 남자를 만나기로 했습니다. 거기에는 아마도 두 가지 의미가 있었을 겁니다.

첫 번째는 그렇게 함으로써 D와의 상처 주고받기를 피할 수 있다는 것입니다. K는 D에 대한 불만을 다른 남자와의 만남을 통해 순간적으로 해소했습니다(자신이 D에게 당한 대로 다른 남자들을 거칠게 대했던 모양입니다). 그러면 그 불만을 D에게 내던질 필요가 없어집니다.

두 번째 의미가 중요합니다. 그것은 D에 대한 복수이기도 했습니다. D를 배신함으로써 K는 보복을 달성한 것입니다. K는 D를 상처 입히고 싶지 않았습니다. 하지만 다른 한편으로는 그러고 싶기도 했습니다.

그만큼 D는 K에게 특별한 사람이었겠지요. 분노란 상대에게 희망을 품을 때만 샘솟는 감정입니다. 절대로 알아주지 않을 거라고 절망한다면 생겨나는 것은 '포기'뿐입니다. K에게 D는 그냥 거리를 두고 끝낼 수 있는 상대가 아니었습니다.

'당신한테 난 정말 소중한 존재야?'

K는 그렇게 묻고 싶었습니다. 하지만 K의 방식 역시 미숙했으니 처참한 파국을 맞이하게 된 것입니다.

비밀의 연결은 위험합니다. 서로에게 특별한 관계가 될수록 각자의 상처와 약함, 미숙함을 상대에게 내던지게 됩니다. 조각배 속 밀실에 함께 있으면 비밀로 해뒀던 자신의 괴로움이 노골적인 형태로 상대에게 향합니다.

그렇게 우리는 상대에게 파고들고, 상대도 우리에게 파고듭니다. 그럼으로써 관계는 깊어집니다. 하지만 그 과정은 종종 현명하게 이루어지지 않습니다. K가 자신의 불만에 대해 D와 이야기를 나누지 않고 다른 남자를 만나는 행동을 취한 것이나, D가 K의 아버지 같은 폭군으로 변한 것처럼, 알아줬으면 하는 비밀의 부분을 타자에게 제대로 이해받기란 정말 어려운 일입니다.

그럼에도 사람과 사람이 깊게 연결된다는 건 그런 일입니다. 우리는 미숙하고 불완전하므로 깊게 연결되려고 하면 서로의 약함이 서로를 상처 입힙니다. 깊은 관계에는 위험이 따릅니다.

어쩌면 당신은 '역시 비밀의 연결 따위 가지지 않는 편이 좋아'라고 생각할 수도 있습니다. 그럴지도 모르지요. 이 연결의 이야기는 다시 악몽처럼 끝날 수도 있습니다. 이번에야말로 K를 완전히 무너트릴지도 모릅니다.

하지만 그렇지 않을 수도 있습니다. 상처의 이야기는 다른 좋은 결말에 이를 수도 있습니다. 상처를 주고받은 후에 다시 연결될 수 있을지도 모릅니다. 이것이 비밀의 연결에서 가장 어려운 부분입니다.

도망가야 하는가, 머물러야 하는가.

그것은 전적으로 K와 D에게 달려 있습니다.

상처의 이야기가 교차될 때

K를 만나는 것은 한 달 만이었습니다. 초췌했던 지난번과는 달리 화장은 단정하게 했지만 표정이 험악해서 긴박감이 감돌았습니다.

K는 처음에 D와는 연락을 하지 않고 있으며 다른 남자들과도 전부 인연을 끊었다고 말했습니다. 그런 다음 "그 일은 이제 됐어요." 하고 딱 잘라 말했습니다.

"그래서 상담은 끝내주실 건가요?"

몹시도 직설적인 말이었습니다. 모든 관계를 끝내고 싶은 모양이었습니다.

“끝내고 싶은 이유를 말씀해주실 수 있나요?”

“말할 필요 없어요.”

K는 대꾸했습니다.

“이제 필요 없으니까요. 그뿐이에요.”

K는 조용히, 그리고 깊게 분노하고 있었습니다.

“이유가 있을 텐데요. 지난번에 제가 병원에 가보라고 권했을 때 화를 내셨죠. 저는 당신한테 상처를 줬다고 생각합니다. 그것과 관계가 있지 않나요?”

제가 그렇게 말하자 K는 크게 숨을 들이마시더니 어깨를 들썩였습니다. 곧이어 억누를 수 없는 마음이 터져 나왔습니다.

계속 화가 났어. 당신은 요점에서 벗어난 말을 몇 번이나 했지. 다른 사람을 만나는 일에 대해서도 이러쿵저러쿵 듣고 싶지 않았어. 하지만 나는 꾹 참고 당신이 말하는 대로 했잖아. 그런데도 당신은 내가 참고 있다는 걸 눈치채려는 기색도 없었지. “그럴 수도 있고, 아닐 수도 있어요”라고 내가 말한 적 있었지? 그건 ‘아니야'라는 뜻이었어! 상담사인데 그런 것도 모르다니, 어이가 없어. 당신은 사람 마음을 몰라! 계속 절망하고 있었어. 애초에 나는 그냥 잠을 자고 싶었을 뿐이라고. 애인이 필요했던 것도, 친구가 필요했던 것도 아니란 말이야. 당신 때문에 이렇게 되어버렸어. 잠도 못 자고 일도 못 해. 이제 난 끝났어. 예전의 나로 되돌아가고 싶어. 그래도 당신한테 맞춰왔는데, 맨 마지막에 병원에 가라고 해서 마음이 무너진 거야. 약에는 기대기 싫다고 말했잖아! 당신은 아무것도 안 들었던 거지. 여기에 다녔던 건 전부 시간 낭비였어. 당신 탓이잖아! 당신 때문에 이렇게 됐잖아! 당신이 전부 잘못했어! 그러니까 이제 이런 상담 그만둘 거야. 전부 허사였어.

　무시무시한 태풍이 상담실에 휘몰아쳤습니다. K는 계속해서 고함쳤습니다. 가차 없었습니다. 저는 끼어들지도 못한 채 그저 끝없이 매도당했습니다.

　K가 틀린 말을 하는 건 아니야. 고함 소리를 들으며 저는 그렇게 느꼈습니다. 분명 저는 요점에서 벗어난

말을 했고, K를 제대로 이해하지 못했습니다. 제가 그 토록 K를 상처 입혀왔다는 사실을 깨달았습니다.

몹시 비참했습니다. 저 자신이 오랜 시간에 걸쳐 크 게 실패한 무능력자처럼 느껴졌습니다. 하지만 억울한 마음도 있었습니다. K의 말은 너무나 일방적이었습니다. 제 나름대로 이 상담에 진지하게 임해왔던 것도, 요 몇 년 동안 K가 자신에게 일어난 변화를 기뻐했던 것도 사실이었기 때문입니다. 하지만 그런 생각을 말로 표현 할 수 있을 것 같지는 않았습니다. 어떻게 말하면 K에 게 가닿을지 짐작조차 가지 않았습니다. 제 마음은 긴 급 정지된 듯했습니다.

K는 고함을 쳤고 저는 할 말을 잃은 채로 있었습니다. 그런 일방적인 시간이 끝없이 이어질 것만 같았습니다. 그때 문득 깨달았습니다.

이것이야말로 K가 당해온 일 아닌가.

D가 일방적으로 호통을 쳤던 그날 밤. 아버지로부 터 도망갈 곳도 없이 매도당한 그날 밤. 같은 일이 입장 을 바꿔 저와의 사이에서 일어나고 있습니다. K가 느껴

온 괴로움을 제가 지금 맛보고 있습니다. 그러자 제 마음이 조금 움직이기 시작했습니다. 생각하는 힘이 되돌아왔습니다. 그리고 지난번 상담에서 무슨 일이 일어난 것인지 깨달았습니다.

K는 저에게 도움을 요청했습니다. 저는 병원에 가보라고 권했습니다. 그것은 지금도 틀린 판단이 아니었다고 생각하지만, 더욱 신중하게 다루어야 할 사안이었습니다. 상담 마지막에, 시간에 쫓겨가며 할 말은 아니었습니다.

K 입장에서는 제가 도망간 것처럼 보였을 겁니다. 그렇습니다. 아버지에게 매도당하는 K를 도와주지 않고 책임을 방기한 채 자기 방에 틀어박히는 어머니와 같은 짓을 했던 것입니다.

장대비처럼 퍼붓는 성난 목소리 속에서 저는 K가 살아온 세계를 몸소 체험하고 있었습니다. 저는 K가 품은 상처의 한가운데에 있었습니다. K가 겪어온 여러 가지 상처에 얽힌 이야기가 몇 겹으로 교차되어 지금 이곳의 참혹한 시간을 만들어냈습니다.

나는 K의 인생에서 반복되어온 이 이야기에 다른 결말을 이끌어내기 위해 상담을 시작한 게 아니었나. 여기서 버텨야만 해.

그렇게 하기 위해 우선 필요한 일은 일방적인 관계에서 벗어나는 것이었습니다. 이것이야말로 K가 하지 못한 일이었습니다. K는 여태까지 일방적으로 서비스를 계속해왔고 일방적으로 매도당해왔습니다. 부모님과도 D와도, 그리고 저와도. 상처 입었을 때 그에 대해 이야기를 나누지 못했던 것입니다. 이 부분이 문제였습니다. 거기까지 생각이 미쳤을 때, K는 결론을 요구했습니다.

"그래서, 끝내주실 거죠?"

가차 없는 말투였습니다.

바로 지금이야. 저는 입을 열었습니다.

"상담을 끝내고 싶다는 마음, 잘 알겠습니다. 저 때문에 당신이 괴로우셨다는 것도 이해했습니다. 죄송합니다."

저는 우선 사과했습니다. 그건 진심이었습니다. 그런 다음 덧붙였습니다.

"그렇지만 저에게 메일로 연락을 주셨고, 이렇게 오늘 여기로 오셨군요."

폭풍이 멎었습니다. 시간이 멈췄습니다. K는 침묵한 뒤 저의 눈을 피했고, 곧이어 하늘을 올려다봤습니다. 시간이 얼마나 지났을까요. K는 후우, 하고 크게 한숨을 내쉬더니 소파에 몸을 맡기고 탈진해서 말했습니다.

"그만두는 건 간단하죠. 잠자코 안 오면 되니까요."

"네, 그렇죠."

"알고 있었어요. 메일을 보낸 시점에서 이걸로 못 끝내게 되었다는 것을요."

"그러셨을 거예요."

눈이 마주쳤습니다. 거기에 있는 것은 분노가 아닌 슬픔이었습니다.

"끝내고 싶으셨던 것도 진심이었을 거예요. 그렇지 않은 마음이 있는 것도 사실일 테고요. 당신이 상처 입었다는 것을 제가 알아줄지도 모른다고 생각했기 때문에, 오늘 여기 와서 이렇게 화를 내신 거 아닐까요."

마음은 여러 가지입니다. 분노의 뒷면에 희망이 있습

니다. 그 희망이야말로 눈앞의 K가 가진 비밀이었습니다. K는 또다시 침묵했고, 그런 다음 쥐어짜내듯이 말했습니다.

"다시 한번 D랑 대화를 나누고 사과하고 싶어요."

눈물을 머금으며 말을 이어갔습니다.

"그런 심한 짓을 했는데 가능할까요?"

"그건 저도 모릅니다."

실제로 어떻게 될지는 모를 일이었습니다. 하지만 저는 가장 하고 싶었던 말을 전했습니다.

"그래도 그런 마음이 존재한다는 게 값지지 않을까요. 당신은 지금까지와는 다른 새로운 행동을 하려는 것 같군요."

K는 입술을 잘근잘근 씹더니 조그맣게 고개를 끄덕였습니다. 적어도 우리는 아직 이야기를 나눌 수 있을 것 같았습니다.

화해의 시간

그래서 그 뒤의 과정이 순풍에 돛 단 것처럼 흘러갔

는가 하면, 전혀 그렇지 않습니다. 힘든 시간이었습니다. 괴로운 일이 잔뜩 일어났고, K와 D는 서로 상처를 주고받는 시간을 보냈습니다. 불꽃이 튀는 듯한 마찰이 일어났습니다. 그리고 그 마찰이 그들의 마음의 형태를 새롭게 만들어갔습니다.

우선 K는 D에게 연락을 했습니다. 다시 한번 만나서 이야기하고 싶어. 그렇게 전했습니다. 의외로 D는 쉽게 수락했습니다. 첫 번째 만남의 결과는 참혹했습니다. D 안에서 스마트폰 착신 메시지를 봤을 때의 장면이 몇 번이나 다시 떠올라 대화를 제대로 나눌 수 없었습니다. D는 K의 배신에 깊게 상처 입었습니다. 그날은 또 한 번 욕설의 밤이 되었습니다. 실제로 그건 '넌 나를 대체 뭐라고 생각하는 거야!'라는 D의 비명이나 다름없었습니다.

당연히 K는 상처받았습니다. 그래도 포기하지 않았습니다. K는 사죄와 동시에 그 무렵 자신이 어떤 마음이었는지를 전했습니다.

"당신의 말에 상처받았어. 사실은 싫었어"

지금까지 말 못했던 비밀을 전한 것입니다. 그때 D는 그 점을 납득하지 못했습니다. D는 자신이 공격당한다고 느꼈기 때문에 욕설로 응했습니다. 그렇지만 D는 대화를 중단하지는 않았습니다. 무언가가 전해진 것입니다.

해결되지 않은 이야기는 다음으로 넘어갔습니다. 그리고 그때도 해결되지 않아 그다음으로 넘어갔습니다. '다음'이 계속 이어졌습니다. 다음으로 넘어갈 여지가 있다는 것 자체가 두 사람이 다시 연결되려 한다는 것을 뜻했습니다. 말로 표현하지 않아도 그 의미는 공유되었습니다.

D와 대화하는 동시에 K는 상담에서도 계속 이야기를 했습니다. 절망, 슬픔, 분노, 희망 등 여러 가지 이야기가 흘러나왔습니다. 그리고 K는 그룹 동료들에게도 그동안 있었던 일을 털어놓았습니다. 동료들은 깜짝 놀랐지만 K의 진지한 마음을 이해하고 걱정해줬으며, 다방면에서 K를 지지해줬습니다.

비밀의 연결에서 괴로운 시기를 보낼 때는 안전한 공

유의 연결이 유용합니다. 상처를 마주 보기 위해서는 충분한 케어가 필요합니다.

시간이 걸렸습니다. 시간을 들일 수밖에 없었습니다. 케어를 받으며 상처를 마주하려고 한다면 시간은 아군이 됩니다. 시간의 흐름에는 통증을 완화시키고 마음을 언어로 바꾸어주는 깊은 힘이 있습니다.

K는 PDCA 사이클과 호텔리어 같은 태도를 내려놓을 수 있었습니다. '일하기' 속에서는 그 둘이 계속 기능했지만 '사랑하기'의 세계에서는 무장해제할 수 있게 되었습니다. 솔직하게 자신의 약한 부분과 상처를 말할 수 있게 된 것입니다. 그것은 D가 K의 마음을 알아주지 않을 때도 알아줄 때까지 그 관계 속에서 버틸 수 있게 해주었습니다.

D 역시 조금 바뀌었습니다. 그 작은 변화에 대해 설명하려면 또 하나의 긴 이야기가 필요하기에 여기에서는 보류해두겠습니다. D도 나름대로 밤의 항해를 했던 모양입니다.

어느 쪽이든 시간은 두 사람을 조금씩 바꾸어나갔습

니다. 두 사람은 함께 있을 수 있는 형태로 차츰 연마되어 갔습니다.

그 상처 가득한 나날이 없었던 일이 된 것은 아닙니다. 하지만 그들이 그 일을 떠올리는 빈도는 갈수록 줄어들었고, 떠올려도 아픔을 참을 수 있게 되었습니다. 상처는 사라지지는 않아도 완화시킬 수는 있습니다. 그러면 마음은 상처와 함께 있을 수 있게 됩니다. 그렇게 해서 새롭게 서로에게 익숙해지자 둘이서 즐겁게 보낼 수 있는 시간도 생겨났습니다. 그날 밤 멈춰버린 시간이 다시 조금씩 움직이기 시작했습니다.

그 뒤로는 빠르게 진행되었습니다. 시간은 지금까지의 분량을 회복하려는 양 앞으로 나아갔습니다. 그들은 여러 번 함께 밥을 먹었고, 여러 번 함께 외출했습니다. 여러 가지 이야기를 나눴습니다. 심각한 이야기도 했고 위험한 이야기도 했습니다. 시시한 잡담도 나눴고 기쁜 일은 서로에게 알렸습니다. 물론 또다시 깊게 상처를 주고받을 때도 있었습니다. 그때마다 화해하기 위해 시간을 들였습니다.

그런 시간을 반복해서 보내던 중, 어느 시점에서 그들은 둘이 함께 살기로 정했습니다. 함께 생활해보고 어떻게 되는지 살펴보자. 상황을 봐서 앞으로의 일을 생각하자. 둘이서 이야기를 나눠 그렇게 정한 것입니다. 어느덧 그날 밤으로부터 1년 반이 지났습니다.

아아, 마지막은 지나치게 생략했는지도 모르겠군요. 하지만 이걸로 괜찮습니다. 거기 있었던 것은 비밀의 연결이니까요.

K와 D밖에 모르는 일이 수두룩하게 있었습니다. 두 사람만의 상처와 슬픔, 그리고 기쁨이 있었습니다. 그것들은 K와 D가 깊게 연결되어 있다는 증거이자 두 사람의 재산입니다. 그런 것을 우리는 밖에서 상상하는 수밖에 없습니다.

하지만 그걸로 좋다고 생각합니다. 비밀의 연결이란 그런 법이니까요.

K와 D의 새 거처는 제 상담실에서 조금 멀리 떨어진 곳에 있었고, 두 사람의 동거는 K에게 커다란 전환점이

되었습니다.

그래서 그것을 계기로 상담을 끝내게 되었습니다. K 스스로 원했던 일이긴 했지만, 역시 불안해 보였고 외로운 것 같기도 했습니다. 하지만 D와 둘이서 헤쳐나갈 수 있다고 생각하는 K도 있었습니다. 앞으로도 문제는 생기겠지만, 그럴 때면 또다시 이야기를 나눠서 극복할 수 있어. K에게는 그런 믿음이 있었습니다.

4년 반 동안 이어진 상담의 마지막 날, 가랑비가 촉촉하게 내리고 있었습니다. K는 이사한 새 거처에서 오전 첫 상담 시간에 오기로 했습니다.

시간이 다 되었는데도 벨이 울리지 않습니다. 지하철에서 토한 그날 이후로 처음 있는 일입니다. 결국 K는 10분 늦게 왔습니다. 무슨 일이 일어난 걸까요? 저는 걱정이 되었습니다. 하지만 그날 K의 말馬이 데려온 것은 컨디션 나쁜 K가 아니었습니다.

"어떻게 된 거예요?"

K는 부끄러워했습니다. 바람이 분 거겠지요. 비구름이 흘러가다가 끊어집니다. 태양이 모습을 드러냅니다.

커튼 사이로 햇살이 비춰듭니다. K는 귀엽게 웃더니 말
했습니다.

"늦잠을 잤지 뭐예요."

그 말에 저도 함께 웃어버렸습니다.

마음을 지키는 방법은
여러 가지

: 후련함과 답답함

구름은 걷혔고 서쪽 하늘에는 달이 떠 있습니다. 바람은 여전히 조금 거세지만 별이 반짝입니다. 보세요, 저쪽 바다 가장자리. 밤의 두꺼운 커튼 자락 아래로 햇살이 희미하게 비춰들고 있네요. 밤이 끝나려고 합니다. 우리가 아침을 향해 착실하게 나아간 모양이네요.

어떻게든 살아남았군요. 폭풍 속에서 버틸 수 있어서 정말 다행이에요.

이제 조각배는 너덜너덜합니다. 바닷물이 여기저기로 스며들고 있고, 심한 부분은 널빤지가 떨어져 나갔어요.

그래도 로프가 끊어지지 않고 무사했던 건 기적입니다. 이제 다 틀렸다고 생각했던 당신의 조각배가 저쪽에 둥실둥실 떠 있잖아요? 우리의 조각배는 그 폭풍 속에서도 계속 단단히 연결되어 있었던 것 같네요.

자, 이제 당신의 조각배로 돌아가주세요.

공구와 약간의 목재를 실어왔습니다. 응급처치 정도는 할 수 있을 거예요.

목적지가 코앞으로 다가왔습니다. 부서진 부분을 보강해

서 바람과 파도로부터 몸을 지킬 수 있도록 대비해두는 편이 좋습니다. 흠뻑 젖은 옷을 벗고 새 셔츠로 갈아입으세요. 그 대로 있다가는 감기에 걸릴 거예요.

밤의 항해를 할 때 가장 중요한 점은 자신을 지킬 수 있도록 대비하는 겁니다. 바람이든 비든 파도든, 또는 타자의 공격이든, 밤의 항해에서는 상처 입을 일이 무한히 생기거든요. 그에 대해 무방비 상태로 있을 수는 없어요. 장비를 정렬해서 웬만한 일로는 꿈쩍도 하지 않도록 대비해뒀으면 합니다.

상처를 주고받는 관계를 봐온 당신이라면 이해하시겠지요. 방심하면 마음이 돌이킬 수 없이 부서지고 마는 것이 밤의 항해입니다. 그러니 우리는 마음을 단단히 지킬 방법을 배워둘 필요가 있습니다.

음, 지금이 딱 좋겠군요.

마음을 지키는 방법은 이제까지 숨 가쁘게 항해하느라 이야기할 기회가 없었던 테마입니다. 이 항해의 목적지에 이르기 전에 함께 생각해뒀으면 합니다.

괜찮아요, 편하게 갑시다. 폭풍은 이미 지나갔어요.

바다는 잔잔하고, 하얀 나비는 새벽빛을 향해 우아하게 날아가고 있습니다. 바닷물도 같은 방향으로 흐르는 것 같으니 한동안은 물살에 몸을 맡겨도 괜찮겠지요.

조각배를 수리하고 젖은 옷을 말리면서 남은 여행의 숙제를 해치웁시다. 이 여행도 막바지에 이르렀습니다. 분명 아름다운 아침놀이 우리를 기다리고 있을 거예요.

마음이 제멋대로 작동한다

옛날이야기로 시작하지요. 이솝우화 중 〈여우와 신 포도〉입니다.

> 배고픈 여우가 높은 나뭇가지에 포도가 달려 있는 것을 발견했습니다.
>
> '맛있겠다. 먹고 싶어.'
>
> 여우는 포도를 노리고 폴짝 뛰었습니다. 하지만 슬프게도 닿지 않았습니다. 그래도 여우는 계속해서 뛰어올랐습니다. 역시 포도까지는 닿지 않았습니다.
>
> '분하다.'

여우는 점점 화가 났습니다.

'난 사람을 홀린 적도 없고, 이 사회의 규칙을 지키며 살아왔는데. 까불지 마, 포도나무 녀석！'

오기가 생겨서 계속 뛰어오르는 여우. 점점 슬퍼집니다.

'자연은 너무나 잔혹하구나.'

땀이 줄줄 흐르고 온몸이 아팠습니다.

'이제 안 되겠다.'

그렇게 생각한 순간, 여우의 마음이 완전히 바뀌었습니다.

'그나저나 저 포도, 엄청나게 실 것이 분명해.'

그렇게 생각하자 기운이 났습니다.

'아아, 내 점프력이 부족해서 다행이지 뭐야. 하마터면 신 걸 먹을 뻔했네？'

기분이 좋아진 여우는 휘파람을 불면서 포도나무 아래를 떠났습니다.

여우는 훌륭하게 마음을 지켰습니다. '저 포도는 시다'라고 생각함으로써 포도를 손에 넣지 못한 상처를 마음에서 떨쳐버리는 데 성공한 겁니다.

'그것 참 단순한 녀석이로군' 하고 생각할 수도 있겠지요. 하지만 여우를 우습게 볼 수는 없습니다. 우리도 매일 여우와 같은 방법으로 마음을 지키며 살아가고 있으니까요.

면접에서 떨어지면 '그 회사는 악덕 기업이었을 게 분명해'라고 생각하고, 좋아하는 사람에게 차이면 '사귀었어도 어차피 잘 안됐을 거니까 딱히 상관없어'라고 생각합니다. 그런 경험이 누구에게나 있을 겁니다. 이솝우화의 여우처럼요.

이러한 마음 지킴법을 심리학에서는 '합리화'라고 합니다. 어떤 구실을 붙임으로써 상처를 무마하는 방법입니다. 물론 마음을 지키는 데는 그밖에도 여러 가지 방법이 있지만, 중요한 점은 상처에 대처할 때 마음이 제멋대로 작동한다는 것입니다.

성격이란 무엇인가

마음을 지키기 위해 일부러 마법을 쓸 필요도 없고, 값비싼 강연에서 심리학 기법을 배울 필요도 없습니다. 그것은 저절로 작동하는 일상적인 마음의 활동이니까요.

실제로 불행한 여우는 위기에 처하자 '마음을 지킬 거야! 그렇지, 저 포도는 시다!' 하고 억지로 자신을 타일렀던 게 아닙니다. 그보다는 포도를 손에 넣을 수 없다는 사실을 깨닫고 마음이 괴로워진 그 순간 여우의 마음이 제멋대로 '저 포도는 시다' 하고 생각하기 시작한 것입니다. 여우의 마음은 그렇게 제멋대로 움직입니다.

우리의 마음도 마찬가지입니다. 마음은 언제나 자신을 지키기 위해 제멋대로 작동합니다. 그것은 자동 시스템이라서 자기 손으로 스위치를 켜거나 끌 수 없습니다. 혹시라도 "나는 언제나 자연체自然体*인데" 하고 이야기하는 분도 계실지 모릅니다. 하지만 그것 역시 '자연체'라는 마음 지킴법을 쓰고 있다는 것이 저의 생각입니다.

그렇잖아요? 분명 여러 시행착오 끝에 자연체에 이르렀을 겁니다. 상처에 대처하려고 했지만 잘되지 않아서 겨우 붙든

---

* 원래는 검도나 유도 등에서 자연스럽게 서 있는 자세를 뜻하나, 여기서는 어깨의 힘을 뺀 자연스러운 태도나 있는 그대로의 상태 등을 가리킨다.

자연체. 억지로 마음을 지키지 않는 것이 딱 좋은 마음 지킴법이었던 셈입니다.

어떤 일에도 동요하지 않는 사람이 있는가 하면, 일일이 당황하는 사람도 있습니다. 금세 구실을 대는 사람이 있는가 하면, 아무것도 생각하지 않도록 사고를 정지시키는 사람도 있습니다. 무슨 일이 생기면 곧바로 고함치는 사람도 있고 곧바로 우는 사람도 있겠지요.

우리는 그렇게 마음을 지킵니다. 당신에게도 곧잘 쓰는 방법이 있을 것입니다. 그런 평소의 행동을 우리는 보통 '성격'이라고 부릅니다.

적절한 마음 지킴법과 부적절한 마음 지킴법

상황에 따라 적절한 마음 지킴법과 부적절한 마음 지킴법이 있습니다. 아무 때고 똑같은 마음 지킴법밖에 쓸 수 없다면 살아가기 힘들어집니다. 잘못된 마음 지킴법은 오히려 사태를 악화시키지요. 상황에 맞춰서 마음 지킴법을 조금이라도 바꿀 수 있다면 무척 도움이 됩니다.

그렇다면 각각의 마음 지킴법은 어떤 상황에서 유익하고, 또 어떤 상황에서 유해할까요?

여기에서 보조선을 그어봅시다. 마음 지킴법에도 여러 종류가 있지만, 이들을 대담하게 두 개로 나누어봅시다. 그렇게 함으로써 당신에게 지금 필요한 것이 어떤 마음 지킴법인지 생각해보려고 합니다.

우리의 마음 지킴법에는 무엇이 있을까요? 기분 좋게, 쓱쓱 보조선을 그어봅시다. 연기가 뭉게뭉게 피어오르더니 불쑥 뭔가가 나타납니다. 바로 '후련함과 답답함'입니다.

후련함과 답답함

후련해짐으로써 마음을 지키는 방법과 답답해짐으로써 마음을 지키는 방법. '후련함은 알겠는데, 답답함도 마음 지킴법이야?' 하고 생각하실 수 있습니다. 일리 있는 생각입니다.

일상의 후련한 순간을 떠올려보세요. 푸념을 늘어놓았더니 후련해졌다, 파트너와 헤어져서 후련해졌다, 업무를 일단락지어서 후련해졌다.

후련한 건 기분이 좋습니다. 상쾌해지고 기운이 솟아납니다. 그래서 후련해졌을 때는 마음을 잘 지킨 느낌이 듭니다.

반면 일상의 답답한 순간은 어떨까요. 상사의 판단이 답답하다, 파트너의 말과 행동이 답답하다, 업무 전망이 서지 않아 답답하다.

답답한 건 불쾌합니다. 답답할 때 우리는 기분이 안 좋아집니다. 따라서 후련함과 답답함 중에서는 후련함이 마음 지킴법이고 답답함은 마음을 지키지 못한 결과처럼 보입니다. 마음속에 쌓인 유독가스는 답답하고, 그것을 밖으로 내모는 게 후련한 느낌이지요.

하지만 실은 그렇지 않습니다. 후련함과 답답함은 둘 다 마음 지킴법입니다. 후련함은 상처를 마음에서 '내쫓는' 반면, 답답함은 상처를 마음에 '담아'둡니다. 방향은 정반대이지만 이들은 양쪽 다 틀림없이 상처를 입었을 때의 대처법입니다.

어째서 상처를 마음에 담아두는 것이 마음을 지키는 일이라고 할 수 있을까요? 이 부분을 생각하기 위해 우선은 후련할 때 우리의 마음이 어떻게 작동하는지를 살펴봅시다.

마음의 배설

우리는 평소 후련함을 다용多用하고 있습니다. 아니, 다용을 넘어 상용하고 있고, 어쩌면 남용하는 사람도 있을지 모릅니다.

현대는 후련함의 시대입니다. 후련해지기 위한 갖가지 서비스가 개발·제공되지요. 사람들은 후련함을 구매하고요.

대표적인 예가 스트레스 발산입니다. 노래방에서 노래를 부르거나 편의점에서 간식을 사 먹거나 다 함께 수다를 떠는 등, 당신에게도 마음을 후련하게 만들기 위한 다양한 방법이 있겠지요.

그뿐만이 아닙니다. 후련함은 우리 주변에 차고 넘칩니다. 얽히고설킨 인간관계를 싹둑 끊어버리면 후련해지지요. 방에 있던 필요 없는 물건을 정리하면 후련합니다. 자기 계발서를 읽고 생각을 단순하게 정리해 긍정적인 기분이 들면 후련합니다. 합리화도 마찬가지입니다. '저 포도는 시다' 하고 생각함으로써 여우는 후련해졌습니다.

잠깐만요. 이상하지 않나요? 노래방과 방 정리는 전혀 다른 행동입니다. 그런데도 우리의 마음이 똑같이 후련해졌다면, 이게 무슨 의미일까요? 후련함이란 대체 무엇일까요?

마음의 후련함을 생각할 때 참고가 되는 것은 몸의 후련함입니다.

몸은 여러 가지 방법으로 후련하게 만들 수 있습니다. 헬스장에서 땀을 흘리고 후련해진다, 목욕을 하고 후련해진다, 살을 빼고 후련해진다, 과음한 술을 토하고 후련해진다, 화장실에 다녀와서 후련해진다.

이들의 공통점은 몸속의 불필요한 요소를 밖으로 내보낸다는 것입니다. 요컨대 땀을 흘리고, 더러움을 씻어내고, 지방을 빼고, 알코올을 토해내는 것이지요. 노폐물 배설은 말할 필요도 없고요. 그렇습니다. 후련함은 곧 배설입니다. 우리 몸은 배설을 잘하면 후련해지게끔 만들어져 있습니다. 이와 꼭 닮은 일이 마음에도 일어납니다.

앞서 후련함이란 '상처를 마음에서 내보는 일'이라고 말했지요. 즉, 후련해질 때 우리의 마음은 배설을 하고 있는 것입니다.

실제로 스트레스 발산은 쌓인 스트레스를 배설하는 것이

고, 인간관계 청산은 필요 없어진 관계를 배설하는 것입니다. 짐 정리는 안 쓰는 물건을 방에서 배설시키는 것이고요. 변비가 계속되면 몸 상태가 안 좋아지듯이, 마음도 정기적으로 노폐물을 밖으로 빼내서 후련하게 만들지 않으면 컨디션이 나빠집니다.

후련하면 나답게 지낼 수 있다

그렇다면 마음은 대체 무엇을 배설할까요?

여기에서도 몸에 비유해보면 이해하기 쉽습니다. 머리를 잘라서 후련해졌다, 손톱을 깎고 후련해졌다, 때를 벗겨내서 후련해졌다, 변비가 해결되어 후련해졌다.

자신에게 엉겨 붙어 있던 '내가 아닌 것'이 없어지면 기분이 상쾌합니다.

마음의 배설에 대해서도 같은 말을 할 수 있습니다. 후련해지기 전 우리의 마음을 자세히 관찰해보면, 거기에 '내가 아닌 것'이 엉겨 붙어 있다는 사실을 깨닫습니다. 가령 회사를 그만두고 후련해졌을 때, 우리는 그 직장에서 일하던 자신을 '나답지 않다'고 느꼈을 것입니다. 싫어하는 상사에게 굽실대며 자신을 속이고, 꼭 내가 아니어도 되는 일만 떠맡았습니다. 그런 직장과 작별하면 나답지 않은 자신과도 작별할 수 있습니다. 또는 내가 하는 것마다 일일이 말참견을 하고 행동을 제한하는 파트너와 헤어지면 후련합니다. 나를 내가 아닌 존재로 변형시키려고 하던 사람을 떼어냈기 때문입니다.

우리는 억지로 '내가 아닌 것'이 될 때 상처를 받습니다. 수용하기 힘든 말을 들으면 상처받고, 동의하지 않은 일을 무리하게 강요당하면 상처받습니다. 다른 사람이 멋대로 내 삶을 정해주는 건 최악입니다. 하지만 유감스럽게도 사회에서 살아가려면 내가 아닌 것에 둘러싸여 내가 아닌 것으로 본의 아니게 변형되는 일을 어느 정도 받아들이는 수밖에 없습니다.

학교에서도 직장에서도 '있는 그대로의 나 자신'으로 살아갈 수 있다면 좋겠지만, 주위는 그것을 허락하지 않습니다. 그때그때 요구되는 것에 따라 우리는 끊임없이 비非자신을 만들어내야 합니다. 그러면 우리의 마음에 점점 비자신이 증식합니다. 정신 차리고 보면 자신의 인생이 가짜로 뒤덮여 있습니다. 그러므로 가끔씩 그렇게 증식한 비자신을 배설할 필요가 있습니다.

그렇습니다. 후련함이란 '나다움'을 되찾기 위한 마음 지킴법입니다.

두 배로 돌려주기

후련함은 만병통치약이 아닙니다. 후련함을 이용한 마음 지킴법에는 단점도 있습니다. 적어도 두 개는 되지요.

첫 번째는 후련하게 버린 것이 자신에게 되돌아올 위험이 있다는 점입니다.

후련함이란 배설이므로 그때 마음속에 있었던 답답함은 밖으로 내던져집니다. 몸의 배설이라면 배설물은 화장실에서 하수도로 흘러가 말끔하게 사라지겠지요. 하지만 마음의 배설은 그렇게 되지 않습니다.

당신이 누군가의 푸념을 들을 때의 상황을 떠올려보지요. 물론 전혀 부담이 안 될 때도 있겠지만, 이야기를 듣는 것이 지칠 때도 분명 있습니다. 이를테면 상대가 직장 동료에 대해 몹시 나쁘게 말한다고 칩시다. 처음에는 '그 동료 참 심하네'

하고 받아들일 수 있겠지만, 그런 일이 몇 번이나 반복되거나 도가 지나치면 '네 잘못도 조금 있는 것 같은데' 하며 답답해질지도 모릅니다.

그때 상대는 답답함을 배설해서 후련해할 수도 있지만, 이번에는 당신이 상대 대신 답답해집니다. 그렇습니다. 답답함은 이동합니다. 후련하게 배설된 답답함은 누군가 다른 사람의 마음으로 장소를 옮깁니다.

그 자체는 나쁜 일이 아닙니다. 답답함이 이동한다는 건 우리가 서로의 답답함을 대신 맡아줄 수 있다는 뜻이기 때문입니다. 내 상태가 나쁠 때는 누군가에게 답답함을 맡겨둔다. 그리고 내 상태가 좋아지면 이번에는 누군가의 답답함을 맡는다. 이 반복이 인간관계의 본질입니다.

문제는 다른 사람의 답답함을 맡아줄 만한 여유가 없을 때입니다. 그럴 때 우리는 답답함을 마음에 둘 수 없어집니다. 그러면 자신의 마음을 지키기 위해, 떠맡은 답답함을 어딘가에서 후련하게 만들어야만 합니다.

당신은 남의 험담을 들었다는 사실을 "저 녀석이 이런 말을 하더라" 하며 다른 누군가에게 전할지도 모릅니다. 그러면 그 말은 돌고 돌아 험담을 한 사람의 평판을 떨어트리고 그 사람을 지나친 궁지로 내몰 수도 있습니다.

아니, 더욱 직접적으로 보복하는 경우도 있습니다. 날마다 틈만 나면 메신저로 다른 사람의 험담을 듣는다면, '내 생각도 좀 해줘' 하며 답답해하다가 결국은 "나도 힘드니까 당분간 연락하지 마" 하고 말해버릴 수도 있습니다.

선을 넘은 후련함에는 리스크가 뒤따릅니다. 배설된 답답함이 순환되어 자신에게로 되돌아옵니다. 그냥 돌아오기만 하는 게 아닙니다. 그때의 답답함은 증식되어 있습니다. '두 배로 돌려주기'라는 녀석이지요. 자신을 답답하게 만든 만큼 후련해지려고 하면, 무의식중에 이자를 붙여버리는 것도 이 마음 지킴법의 특징입니다.

평소 답답했던 것을 아주 조금 후련하게 만들려고 파트너에게 싫은 소리를 합니다. 그러면 이번에는 상대가 답답해져서 불평이 되돌아옵니다. 반품된 답답함을 다시 한번 출하시키기 위해 이번에는 거친 단어를 씁니다. 그러면 그다음에는 호통이 돌아오고. 사태는 점점 더 악화되지요.

좋은 약은 입에 쓰다

후련함에는 또 하나의 단점이 있습니다. 후련함에 의해 노폐물뿐만 아니라 마음에 영양이 될 것까지 배설된다는 점입니다.

후련해지는 편이 좋은 경우는 무척 많습니다. 가령 악의가 있는 지인의 설교는 후련하게 흘려버리는 것이 최고입니다. 또는 질투에서 비롯된 충고도 후련하게 흘려버리는 것이 좋고요. 그런 것을 진지하게 받아들여봤자 마음만 피폐해질 뿐입니다(아니, 오히려 마음을 피폐하게 만드는 것이 그들의 목적입니다). 독을 먹으면 배설해서 후련해지는 것이 상책입니다.

하지만 후련하게 배설한 것이 언제나 마음에 불필요하다고는 말할 수 없습니다. 은사님께 들은 귀 따가운 충고를 후련하게 흘려버리는 것은 아깝습니다. 그 말은 당신을 상처 입힐 수도 있지만, 답답함을 제대로 느낀다면 당신을 성장시켜줄지도 모릅니다.

혹은 과거 연인과 헤어진 것을 후회하는 일도 좋은 예겠지요. 후련해지고 싶어서 이별을 고했는데 나중에야 '그렇게 좋은 사람은 없었어' 하고 점차 깨닫습니다. 그래서 "우리 다시 만나자" 하고 전화를 걸어보지만, 그때는 "미안해, 이미 좋아하는 사람이 생겼으니까 연락하지 마"라는 말을 듣습니다(이것이 바로 '두 배로 돌려주기'이지요).

후련함은 노폐물뿐만 아니라 입에 쓴 좋은 약까지 함께 배설시키고 맙니다. 당신 인생의 영양분이 될 만한 것이 하수도로 흘러갑니다. 지나치게 후련해지면 우리는 비쩍 말라버립니다. 노폐물과 함께 영양분을, 독과 함께 약을 배설해버리기 때문입니다.

지나치게 인간관계를 후련하게 만들면 고독해지고, 지나치게 나다워지려고 하면 마음이 빈곤해집니다. 지나치게 단순한 마음에는 여유가 없습니다.

후련함은 마음을 지켜주기도 하지만, 때와 장소에 따라서는 마음을 해칩니다. 그렇다면 어떨 때 후련해지면 좋고, 또 어떨 때는 좋지 않을까요?

이것이야말로 마음 지킴법을 알아볼 때의 핵심적인 질문이지만, 이에 대답하려면 그전에 또 하나의 마음 지킴법을 살펴볼 필요가 있습니다.

그렇습니다. 이제 답답함이 등장할 차례입니다.

마음의 소화

답답함은 인기가 없습니다. 답답할 때 우리는 불쾌하고 괴롭습니다.

답답함이 인기가 없는 것에도 조각배의 영향이 있는 듯합니다. 위험이 가득한 바다를 건널 때는 조각배에 쓸데없는 것을 실을 여유가 없습니다. 그래서 우리는 가능한 한 답답함 없이, 하나하나 후련하게 만들어서 가벼워지고 싶어 합니다. 하지만 답답함은 불쾌하긴 하지만 우리에게 좋은 것도 가져다줍니다. 후련함이 상처를 배설하는 작용인 반면, 답답함은 우리의 마음이 상처를 소화하는 작용이기 때문입니다.

가령 앞서 말한 여우가 합리화라는 방법을 사용해 후련해지지 않았다면, 그 여우는 맛있게 생긴 포도를 먹지 못한 것을 분하게 여기고 자신의 점프력이 부족했던 것을 슬퍼하겠지요. 그때 여우는 풀이 죽겠지만, 동시에 그것은 분명 여우가 포도를 못 먹었다는 사실을 받아들이고 소화하는 과정에 있음을 뜻합니다.

마찬가지로 구직 활동이 잘 안 풀릴 때 우리가 자신의 능력 부족이나 준비 부족을 한탄하며 뉘우친다면, 그때 마음은 슬픈 결과가 나온 것을 필사적으로 소화시키는 중이라고 말할 수 있겠지요.

그건 분명 괴로운 시간일 겁니다. 자신이 손에 넣지 못한 것, 잃어버린 것을 마주하며 상실의 고통을 견뎌야 하니까요. 하지만 만약 소화가 잘 마무리된다면 거기에서는 변화가 생겨납니다.

여우는 한심한 자신을 뉘우침으로써 다음번에는 포도를 손에 넣을 수 있도록 지혜를 짜내 높은 가지까지 닿는 기다란 집게를 주문할지도 모릅니다. 구직 활동에 실패한 것을 분하게 여김으로써 우리는 현재의 자기 역량을 깨닫고 이제까지 하지 않았던 노력을 시작하거나 태도를 바꿀 수 있겠지요. 그러면 지금의 자신에게 잘 맞는 직장을 찾을 수 있을지도 모릅니다.

그렇습니다. 답답함은 우리의 마음을 변화시켜줍니다.

답답함에 의해 변화하는 것

소화는 몸에도, 마음에도 신기한 작용입니다. 자신의 외부에 있었던 것을 어느새 자신의 일부로 만들어주다니, 마치 마법 같지요. 우리와 아무런 관계가 없었던 돼지고기나 토마토, 양상추는 소화를 끝내면 우리의 근육과 지방, 피부, 혈액이 됩니다. 어려운 업무나 파트너에게 들은 따끔한 한마디는 그 순간에는 마음의 상처가 되어 아픔을 주지만, 소화가 잘 마무리되면 우리의 일부가 됩니다. 예전에는 하지 못했던 일을 할 수 있게 되고, 파트너와 전보다 더욱 잘 지내게 됩니다.

이것이 후련함과 답답함의 대조적인 부분입니다. 후련함이 비자신을 배설해 나다움을 회복시켜주는 반면, 답답함은 비자신을 녹여 자신의 일부로 만들어줍니다. 이것을 세상 사람들은 '성장'이나 '성숙'이라고 말하겠지요.

그뿐만이 아닙니다. 답답한 대상 자체도 변화합니다. 답답함은 소화하는 쪽뿐만 아니라 소화되는 쪽에도 변화를 일으킵니다. 이는 마음의 문맥으로 말하자면 상처 자체가 점점 변한다는 뜻입니다.

상담을 하다 보면 "과거는 바꿀 수 없는데, 그래도 이야기를 하는 의미가 있나요?"라는 질문을 종종 받습니다. 과거에 깊은 상처를 입은 사람들의 질문입니다. 분명 그렇습니다. 과거의 사실 자체는 변하지 않습니다. 이야기를 나눈다고 해서 상실된 것이 돌아오지는 않습니다.

하지만 또 이것이 마음의 불가사의한 부분인데, 과거에 대해 답답해하는 시간이 그 과거의 의미나 질감을 점차 바꾸기도 합니다.

누군가로부터 당한 호된 공격이나 자신이 저지른 부끄러운 실수, 예전에는 떠올리기만 해도 분노로 몸을 떨었던 기억은 소화됨으로써 조금씩 부드럽게 변해갑니다. 기억의 생생함은 서서히 누그러져 잠시 마음에 놓아둘 수 있게 됩니다.

그러는 과정에서 자신에게도 잘못한 점이 있다는 데 생각이 미치면 그렇게 미웠던 그 사람을 용서할 수 있을지도 모릅니다. 당시에는 최대한 열심히 했다는 점을 떠올리면 한심했던 자신이 용서되는 경우도 있습니다.

상처가 낫는다는 것은 그런 일이겠지요. 상처 자체는 사라지지 않아도 답답해하는 시간을 통해 소화가 되면 깊이가 생기고 형태가 조금 변합니다.

소화는 괴롭습니다. 하지만 소화를 통해 좋은 것이 생겨날 때 '도' 있습니다.

독은 망설임 없이 뱉기

물론 답답함에도 심각한 단점이 있습니다. 답답함이 잘 풀리면 성장으로 이어지지만, 상처가 치명상으로 변해 재기 불능에 빠질 정도로 마음을 망가트리기도 합니다.

그렇습니다. 우리에게는 소화할 수 있는 것과 소화할 수 없는 것이 있습니다. 자신을 바꾼다고 해봤자 변할 수 있는 범위라는 게 있습니다. 이것이 답답함의 괴로운 부분입니다.

직장 상사의 가혹한 요구는 노력하면 해내는 게 가능할 경우 답답해하는 것이 성장으로 이어질 수도 있지만, 애초에 절대로 해내지 못할 일을 무리하게 요구받는 경우에는 답답해하다가 이쪽이 돌아버립니다.

파트너와의 관계도 마찬가지입니다. 둘이서 답답해하며 바꿔나갈 수 있는 일이라면 답답해하는 편이 좋지만, 상대가 일방적으로 지배하거나 폭력을 휘두르는 사람이라면 이쪽이 답답해하다가 마음이 죽어버립니다. 독은 소화하면 치명상이 되고 맙니다. 따라서 그럴 때는 재빨리 뱉어내서 후련해질 필요가 있습니다. 하지만 그 판단이 참 어렵지요.

내가 소화하고 있는 게 독인지 약인지, 소용돌이 속에 있으면 알 수가 없습니다. 평범한 부모라고 생각했는데 알고 보니 '독친毒親'*인 경우는 흔하고, 지독한 선생님이라고 생각했는데 뒤에서 여러 가지로 지원해주었던 경우도 수두룩합니다.

그 답답함에 답답해할 만한 가치가 있는가 없는가. 시간이 지나보지 않으면 모르는 경우도 많습니다. 그렇다고 해서 한동안 상황을 살펴보려 하면 그사이에 독이 퍼져버릴지도 모릅니다. 사태는 긴급을 요하고 있을지도 모릅니다.

후련할 때와 마찬가지입니다. 역시 이것이 문제입니다.

어떤 때는 답답해하는 게 좋고, 또 어떤 때는 좋지 않을까요?

---

* '자식에게 독이 되는 부모'라는 뜻으로, 지나친 간섭으로 자식을 망치는 부모를 이르는 말이다.

마음은 다른 사람이 지켜주는 것

정리해보지요.

후련함은 상처를 외부로 배설함으로써 나다움을 회복시킵니다. 답답함은 상처를 내부에서 소화함으로써 자신을 성장시킵니다.

물론 둘 다 중요하지요. 후련함과 답답함 양쪽이 균형 있게 기능함으로써 우리의 마음은 보호됩니다.

후련함만으로는 마음이 비쩍 말라버리고, 답답함만으로는 마음이 빵빵하게 부어오릅니다. 무언가를 먹으면 소화도 해야 하고 배설도 해야 합니다. 그 두 작용이 없으면 몸도 마음도 잘 돌아가지 않습니다.

문제는 그런 복잡한 상황을 어떻게 분간할 것인가였지요. 후련해해야 할 때와 답답해해야 할 때, 또는 후련해하면 안 될 때와 답답해하면 안 될 때. 그것을 어떤 기준으로 생각하면 좋을까요? 상처로부터 마음을 지키기 위해 우리는 무엇을 나침반으로 삼아야 할까요?

이 여행도 이제 끝나가고 있으니 단도직입적으로 말하겠

습니다. 바로 타자입니다.

당신의 주위에 답답함을 일시적으로 대신 맡아줄 사람이 얼마나 있는가. 바로 이것이 나침판입니다.

주위 사람들에게 답답함을 공유할 여유가 있을 때는 후련 해해도 괜찮습니다. 당신의 답답함은 누군가가 잠시 맡아줄 테니까요. 그러면 부담은 가벼워지고 태세를 재정비할 여유 가 생깁니다. 그리 되면 좋은 일이지요. 답답해해야 할 문제 로 다시 한번 되돌아가 진득하게 답답해할 수도 있습니다.

반대로 주위 사람들에게 여유가 없을 때 자신의 마음을 지 키려고 후련해하면 오히려 위험한 상황에 빠지게 됩니다. 주 위 사람들은 답답함을 수용할 수 없으니 두 배로 돌려주고, 결국 답답함은 증식해서 되돌아오지요. 그럴 때의 후련함은 당신을 상처 입힙니다.

그렇다면 그럴 때는 답답함을 잠자코 품고 있는 수밖에 없 을까요?

아니, 그렇지 않습니다. 그것이야말로 너무나 위험합니다. 누군가와 단단히 연결된 상태에서 답답해한다면 당신은 변 할 수 있습니다. 하지만 고립된 상태로 혼자서 답답함을 껴안고 있으면 치명상으로 변하겠지요.

주위에 기댈 수 있는 타자가 없을 때, 후련함과 답답함은 양쪽 다 마음을 지킬 수 없습니다. 그럴 때 취해야 할 행동은 후련해하기도 답답해하기도 아닌, 타자에게 도움을 청하는 일입니다.

우리는 무심코 자신의 마음은 스스로 지켜야 한다고 생각하기 쉽지만, 원래 마음은 다른 사람이 지켜주는 것입니다. 그런 다음 스스로도 할 수 있는 일을 하는 것이 순서이지요.

물론 기댈 수 있는 타자를 찾는 일 자체가 어렵게 느껴질 수도 있습니다. 확실히 그럴지도 모르지요. 궁지에 몰릴 때일수록 주위에 기댈 만한 타자가 없는 것 같고, 모든 사람이 적으로 보입니다.

하지만 그건 당신이 주위 세상을 실제보다 가혹하게 여기는 것일 수도 있습니다.

생각해보세요. 우리는 다른 사람이 우리에게 기댈 때 꽤 기쁘잖아요? 또 다른 사람에게 도움이 되었을 때는 잘됐다고 생각하고요. 다른 사람을 도와주는 일은 그 자체로 보수가 됩니다. 그런데도 막상 내가 누군가에게 기대려고 하면 상대에게 민폐를 끼치는 짓, 상대가 싫어할 짓이라고 생각합니다. 불행한 일입니다.

그러니 용기를 내서 'SOS'를 쳐봅시다. 사람은 누가 도와 달라고 하거나 상담을 요청하면 의외로 그에 응하려고 하는 법입니다. 물론 그들이 할 수 있는 일에는 한계가 있을지도 모릅니다. 그럼에도 그렇게 당신의 괴로움을 공유해주려는 사람이 있다는 것 자체가 우리의 마음을 지탱해주는 게 아닐까요.

지나치게 낙관적이라고 여기실 수도 있지만, 마음을 다루는 임상 심리사로서는 역시 절실하게 그런 생각을 하게 됩니다. 중요한 사항이니 다시 한번 말하겠습니다.

후련함인가 답답함인가 하는 질문에 대한 대답은 당신 주위의 사람들이 어떤 상태인지에 따라 달라집니다. 타자를 확보한 후에 둘 중 어떤 마음 지킴법을 써야 할지 망설여진다면, 후련함이 먼저고 답답함이 나중입니다.

공유와 비밀 때도 마찬가지였지요. 지금 삼키고 있는 것이 독인지 약인지 모를 때, 일단은 독일 수도 있다고 조심하며 후련하게 뱉는 것이 좋습니다.

정말로 답답해해야 할 일은 아무리 후련하게 내쳐도 당신을 뒤쫓아 오는 법입니다. 그런 답답함은 지지해줄 사람을 확보해 태세를 정비해서 당신이 힘을 되찾았을 때 마주하면 됩니다. 마음을 지킨다는 건 그런 일입니다.

항구를 코앞에 두고

좋아요, 이로써 수리는 끝났습니다. 볼품없긴 해도 응급처치로는 충분하겠지요.

보세요, 동쪽 하늘이 오렌지빛으로 물들기 시작했어요. 밤이 끝나려고 합니다. 아무래도 우리의 항해는 종착점에 이른 모양이에요.

아침노을 앞쪽에 커다란 수문이 서 있는 것이 보이시나요?

수많은 배들이 드나들고 있어요. 조각배도 있고 큰 배도 있네요. 전에 만난 처방선 네 척도 있군요.

수문 건너편에는 항구가 있고, 번화가가 있겠지요. 여기까지도 활기가 전해집니다. 하얀 나비가 수문 너머로 날아갔습니다. 마치 우리를 이끌어주고 있는 것 같아요.

자, 결승점 테이프를 끊읍시다. 헤어지기 아쉽긴 해도 여행은 깔끔하게 끝내는 것이 중요합니다. 수문을 빠져나가 뱃사람들의 축복을 받읍시다.

그런데, 어라? 나비가 되돌아왔습니다. 일부러 마중을 나온 걸까요? 이상하네요.

나비가 점점 커다래집니다. 날개가 펼쳐지고 다리와 몸통이 부풀어 오릅니다. 색깔이 바뀝니다. 껍질이 빠지직 찢어지고…, 으악! 이게 무슨 일이야?

커다란 몸이 하늘에서 바다로 떨어집니다. 굉음이 울리고 물보라가 일어납니다.

얼룩무늬 스핑크스가 수문 앞을 가로막고 서 있습니다.

7

행복은 여러 가지

: 포지티브와 네거티브, 순수와 불순

"행복합니까?"

스핑크스는 묻습니다. 얼룩무늬 몸을 흔들며 수문 앞에서 웃으면서 말이지요.

"당신은 행복합니까?"

여행자의 앞길을 막는 고대의 괴물. 길 한가운데에 엎드리고 있다가 지나가는 여행자에게 수수께끼를 냅니다. 대답하지 못하면 잡아먹힐 겁니다.

신화 속 스핑크스라면 "아침에는 네 발, 점심에는 두 발, 저녁에는 세 발인 것은 무엇이냐?" 하고 물을 테니 "인간"이라고 대답하면 됩니다.

그런데 이 스핑크스는 "행복합니까?"라고 묻습니다.

성가신 질문입니다.

이런 질문을 받으면 방금 전까지만 해도 기분이 좋았던 사람조차 '나, 이대로 괜찮은 걸까?' 하며 대답을 망설이게 되고, 바쁜 일상에 쫓겨 허둥지둥하던 사람도 '사실 난 행복한 걸까?' 하고 자문자답하기 시작합니다.

이 질문에는 사람을 멈춰 세워 고독하게 만드는 힘이 있습니다. 낡은 가치관을 뒤흔들어 새로운 가치관이 들어설 여백을 만들어냅니다. 이는 인생을 돌아볼 수밖에 없게 만드는 궁극의 질문입니다.

그렇다 해도 왜 지금 와서 이런 질문을 받아야 하는 걸까요?

물론 이유는 있습니다. 스핑크스가 나타날 때는 언제나 그에 걸맞은 필연성이 있는 법입니다. 신화의 시대부터 그렇게 정해져 있습니다.

생각해보세요. 고대 그리스에서 나타난 하얀 나비. 그 나비를 따라온 우리의 여행은 '처방전과 보조선', '말과 기수', '일하기와 사랑하기', '공유와 비밀', '후련함과 답답함'이라는 다섯 개의 보조선을 사용해 진행되었습니다.

그런 식으로 '어떻게 살아갈 것인가'를 다양한 경우에 비춰 생각하며 우리는 목적지 코앞까지 이르렀는데, 여기에서 문제가 되는 것이 '행복'입니다. 왜냐하면 인생이라는 여행의 목적지는 궁극적으로 행복에 있기 때문이지요. 다르게 생각하는 분도 있으시겠지요. 하지만 이것은 저 개인의 견해가 아니라 고대 그리스의 대현인 아리스토텔레스가 내놓은 철학적 결론입니다.

인생이라는 항해에는 다양한 목적지가 있습니다. 부자가

된다. 출세한다. 훌륭한 시민으로 인정받는다. 좋은 파트너를 찾는다. 취미 생활을 열심히 한다. '무엇을 인생의 목적으로 삼으면 좋은가?'라는 질문에는 모든 사람에게 들어맞는 정답이 없습니다. 각자가 각자의 목적지를 향해 나아가는 수밖에 없습니다.

그럼에도 그 목적들에는 공통된 부분도 있습니다. 아리스토텔레스는 그렇게 간파했습니다. 그 인생의 목적들은 사실 행복해지기 위한 수단이라는 점에서는 모두 같다고요. '돈이 필요해'라고 생각하는 것도, '취미 생활을 할 시간이 더 필요해'라고 생각하는 것도, 분명 불행해지기 위해서는 아닙니다. 결국, 행복해지기 위해서지요.

'보란 듯이 불행해질 테다'라고 생각하는 경우도 있지만, 그것은 누군가에게 자신의 괴로움을 실감하게 만들기 위한 수단일 뿐 최종적으로 목표하는 것은 분명 그 사람 나름의 행복입니다.

행복이란 온갖 목적의 배경에 숨어 있는 '메타 목적'입니다. 그렇기 때문에 밤의 항해의 마지막에서는 행복을 물어야만 합니다.

우리는 적절한 목적지에 도착했는가. 이것을 판단하려면 그 목적지가 당신에게 행복을 가져다주는지 아닌지를 생각해야 합니다.

"당신은 행복합니까?"

여행을 이끌어준 하얀 나비의 정체가 행복을 묻는 스핑크스였던 것에는 그런 이유가 있었습니다. 이 어려운 질문의 대답을 찾아봅시다.

그러려면 우선 '행복이란 무엇인가?'를 묻는 것부터 시작해야 합니다.

그것을 모르면 자신이 행복한지 아닌지 생각할 방도가 없으니까요.

단순한 행복론

행복이란 무엇인가?

이에 대해 생각하다 보면, 우리는 금세 그 대답의 가짓수가 매우 적다는 사실을 깨닫습니다. "행복하세요?"라는 질문을 받으면 "네, 행복합니다"나 "아뇨, 불행합니다" 혹은 그

중간인 "그럭저럭요", "적당히요" 정도밖에 대답할 길이 없습니다.

실제로 심리학에는 행복을 연구하는 분야가 있어서 사람들이 얼마만큼 행복한지 설문조사를 통해 측정합니다. 그때 쓰이는 대표적인 척도가 바로 '인생에 대한 만족도'입니다. 즉, 자신의 인생에 얼마만큼 만족하고 있는지, 얼마만큼 긍정적인 감정을 가지고 있는지 물음으로써 행복의 정도를 재는 것입니다.

솔직히 말하면, 여기에서 나오는 대답들은 "네", "아니요", "적당히요"라는 아까의 대답과 거의 비슷합니다.

행복에 관한 우리의 어휘는 아주 빈약합니다. 국어 공부가 부족한 탓은 아닐 겁니다.

"행복한 가정은 모두 비슷하지만 불행한 가정은 제각각 다른 이유로 불행하다."

톨스토이의 장편소설 《안나 카레니나》의 첫 문장이지요. 인간을 묘사하는 단어를 끊임없이 탐구해온 러시아 대문호의 눈에도 행복은 단조롭게 보여서 단어를 풍부하게 찾지 못했던 모양입니다.

서점에 줄줄이 진열되어 있는 '행복 방법론 책'을 읽어봐도 사정은 마찬가지입니다. 행복해지는 방법에는 많은 종류가 있습니다. 몸을 움직이거나 돈을 벌거나 주위 사람들에게 감사하는 등, 모두가 여러 가지 방법이 있다고들 하지요. 하지만 가장 중요한, 행복이 무엇인지에 대해서는 '밝은 기분으로 지내는 것' 정도로만 인식하고 있는 경우가 대부분입니다.

이상한 일이지요.

세상에는 여러 종류의 행복이 있을 텐데, 그 하나하나에 대해 '어째서 그것을 행복이라고 말할 수 있는가?' 하고 골똘히 생각하다 보면 결국 '기쁘니까', '즐거우니까', '기분 좋으니까'라는 단순한 어휘로밖에 표현할 수 없어집니다. 행복한지 아닌지는 마음에 묻는 수밖에 없는데, 마음에 물어보면 단순한 대답만 돌아옵니다.

단순한 행복론. 이것이 문제입니다. 행복에 대해 생각하기 시작하면 어휘가 빈약해져서 사고방식이 단순해집니다.

그렇기 때문에 여기에서 보조선을 그어야 합니다. 단순한 행복론에 보조선을 그어 복잡한 행복을 찾아내야 합니다. 행복론을 복잡하게 만들 필요가 있습니다.

행복에는 무엇이 있을까요?

기분 좋게, 쓱쓱 보조선을 그어봅시다.

연기가 뭉게뭉게 피어오르더니 불쑥 뭔가가 나타납니다. 바로 '포지티브와 네거티브'입니다.

포지티브와 네거티브

포지티브한 행복과 네거티브한 행복.

이렇게 쓰면 '결국 포지티브는 행복인가!' 하고 추궁당할 것 같은데, 그야 그렇지요. 당연한 일입니다.

푸른 하늘이 펼쳐져 있으면 기분이 좋고, 제비뽑기에서 큰 상품이 당첨되면 행복한 기분이 듭니다. 미래에 희망이 있다면 행복하지요.

포지티브는 당연히 행복과 긴밀한 관계를 갖습니다. 그러므로 단순한 행복론이 틀린 건 아닙니다. 그것은 분명 행복의 한 형태를 포착하고 있습니다. 이를 이용하지 않을 방도는 없습니다.

하지만 그것만이 행복의 전부는 아닙니다. 이 점이 특색이지요. 행복은 또 다른 형태로도 존재합니다. 문제는 '포지티브'라는 단어가 행복과 너무도 단단히 결합되어 있다는 점입니다. 그래서 다음 두 가지 명제에 도전할 필요가 있습니다.

명제 ① 포지티브한 불행을 발견하는 것.
명제 ② 네거티브한 행복을 발견하는 것.

먼저 명제 ①부터 볼까요? 포지티브한 불행. 논리적으로는 말이 안 되는 느낌도 들지만 직감적으로는 이해가 안 가는 것도 아닙니다.

학교 급훈으로 '명랑한 아이, 건강한 아이'라고 적혀 있으면 '아니, 어두운 것도 괜찮잖아'라는 생각이 들고, 회사 면접에서 중요한 것이 '웃는 얼굴과 긍정적인 태도'라는 말을 들으면 인성 평가는 결국 그 부분인가 하며 복잡한 기분에 잠깁니다. 언제나 긍정적으로 생각하는 사람을 보면 무리하고 있는 게 아닌지 걱정이 됩니다.

포지티브하다는 건 일반적으로 보면 행복한 일이겠지만, 우리는 거기에서 자신의 생각을 강요하는 듯한 느낌이나 숨

막히는 느낌을 받습니다. 포지티브에 포함되어 있는 '행복이라고는 말하기 힘든 것', 이것을 명백하게 밝혀낼 필요가 있습니다.

다음으로 명제 ②를 보겠습니다. 단순한 행복론에서는 네거티브가 불행과 단단히 결합되어 있다는 점도 문제입니다.

포지티브가 늘어나면 행복하고 네거티브가 늘어나면 불행하다. 이것이 행복을 생각할 때의 기본 상정입니다. 자신이 느끼는 포지티브의 총량을 최대한으로 늘리는 동시에 네거티브의 총량을 최소한으로 줄이는 것. 세상 사람들은 행복을 그런 식으로 생각합니다.

이해가 가지 않는 건 아닙니다. 인생에는 네거티브한 일이 적은 편이 좋겠지요. 하지만 살다 보면 네거티브한 일은 계속 일어납니다. 그러므로 네거티브가 불행일 뿐이라면 우리의 인생은 방어에만 치우치게 되겠지요. 그때의 행복은 온실에서 키워야 하는 연약한 식물과도 같습니다.

실제로는 그렇지 않습니다. 우리는 네거티브한 일에 압도되어 절망할 때도 있지만 그로부터 무언가를 얻을 때도 있습니다. 그러니 네거티브에도 '불행이라고는 말하기 힘든 것'이 포함되어 있지 않을까요? 나쁜 것 속에 있는 좋은 것이야말로 발굴되어야만 합니다.

다시 말해, 이런 뜻입니다.

사실 포지티브에는 행복과 불행이 모두 포함되어 있고, 네거티브에도 양쪽 다 포함되어 있을 것이 분명합니다.

그런데도 '포지티브와 네거티브'라는 보조선을 그으면 전자에 행복이, 후자에 불행이 자동적으로 분배되고 맙니다. 이 보조선밖에 없다면 행복과 불행이 지나치게 딱 나누어집니다. 아마도 '포지티브와 네거티브' 보조선이 너무 진한 거겠지요. 이 보조선은 병들어 있습니다. 이대로라면 이 보조선은 행복을 단순화시킬 뿐, 복잡하게 생각하기 위한 도구가 될 수 없습니다.

치료가 필요합니다. 병든 보조선을 회복시켜야 합니다.

호빵맨과 세균맨

진한 보조선. 그것은 복잡한 세계에 높은 벽을 세워 국경선을 긋습니다. 너는 이쪽이냐, 저쪽이냐, 적이냐, 아군이냐

하며 양자택일을 강요합니다.

만화영화 주인공 호빵맨을 떠올려보세요. "사랑과 용기만이 친구"라는 노랫말처럼 호빵맨은 지나치게 포지티브한 영웅입니다. 미움이나 두려움은 친구로 쳐주지 않습니다. 순수한 포지티브의 결정체 같은 정의의 편, 그것이 호빵맨입니다.

호빵맨이 사는 마을은 포지티브합니다. 그곳은 청결하고 평화롭습니다. 이따금 배가 고프다는 네거티브한 일도 일어나지만 호빵맨이 곧바로 날아와 얼굴을 뜯어 나눠줍니다. 무참히 뜯긴 호빵맨의 얼굴도 잼 아저씨가 즉시 새로운 얼굴로 바꿔줍니다. 얼마나 행복한 세계인가요! 마치 응애응애 울면 얼른 젖을 주고 기저귀를 갈아주는 아기의 세계 같습니다. 하지만 이 행복한 마을에는 치명적인 결함이 있습니다.

포티지브한 마을에서 배제된 세균맨은 황량한 산속에서 생활하면서 매일 원망하는 마음을 키우고 호시탐탐 세력을 모읍니다. 무기를 개발하고 테러 계획을 짭니다. 준비가 끝나면 먹을 것을 내놓으라며 행복한 마을을 습격합니다. 최종적으로는 세균맨이 호빵맨의 폭력, 아니 정의의 철퇴를 얻어맞고 또다시 배제되며 평화가 유지되지만, 그 행복은 언제 무너

질지 모릅니다.

여기에서 진한 보조선이 야기한 마음의 메커니즘을 알 수 있습니다. 진한 보조선은 강력한 작용으로 순수한 상태를 만들어냅니다. 드넓은 회색 지대를 흰색과 검은색으로 나누어 흰색 안에 있던 검은 부분을 추방하고, 검은색 속에 있던 하얀 부분을 없앱니다.

그 탓에 호빵맨한테도 두려움에 떠는 면이 있을지도 모르는데 용기만을 친구로 삼아야 하고(재미없는 친구입니다), 세균맨한테도 깨끗한 것을 좋아하는 면이 있을지도 모르는데 곰팡이룰루와 살아야만 합니다.

더군다나 억지로 성립시킨 순수한 상태는 배제당한 존재들의 보복에 의해 끊임없이 위협받습니다. 순수함을 지키기 위해 호빵맨은 더더욱 강력한 치안 유지 대책을 마련해야 합니다. 이래서야 뫼비우스의 띠처럼 같은 상황이 반복될 뿐입니다. 자칫하면 긴장감이 고조되어 서로를 전멸시킬 큰 전쟁이 벌어질 수도 있습니다.

진한 보조선에는 강력한 배제력이 작용됩니다.

그렇게 생각하면 포지티브에 포함된 자신의 생각을 강요

하는 듯한 느낌이나 숨 막히는 느낌을 이해할 수 있겠지요.

포지티브를 순수한 상태로 유지하려면 네거티브한 것을 끊임없이 배제해야만 합니다. 그러므로 지나치게 포지티브한 사람과 함께 있으면 가슴이 답답해집니다. 네거티브한 마음을 둘 곳이 없어지는 것입니다.

너무나 진한 '포지티브와 네거티브' 보조선에 필요한 것은 회색 지대입니다. '흰색인가, 검은색인가' 하고 지나치게 딱 나누지 않는 편이 좋습니다. 그렇지 않으면 회색 그러데이션이 이어지는 복잡한 현실을 간과하게 됩니다.

병든 보조선을 치료하려면 흰색과 검은색 사이에 애매한 회색 그러데이션을 만들어낼 필요가 있습니다.

이를 위해 보조선을 아낌없이 써봅시다. 행복에 두 번째 보조선을 그어보려 합니다.

행복에는 또 무엇이 있을까요?

기분 좋게, 쓱쓱 보조선을 그어봅시다.

연기가 뭉게뭉게 피어오르더니 불쑥 뭔가가 나타납니다. 바로 '순수와 불순'입니다.

순수한 포지티브와 불순한 포지티브

'포지티브와 네거티브' 보조선에 수직으로 교차되도록 '순수와 불순' 보조선을 그어봅시다.

그러면 행복은 네 가지로 나뉩니다.

순수한 포지티브와 불순한 포지티브.

순수한 네거티브와 불순한 네거티브.

이렇게 되면 우리의 행복론은 더 이상 단순하게 보이지 않습니다. 상당히 복잡해집니다.

전체를 전망해봅시다.

먼저 두 가지 포지티브, 순수한 포지티브와 불순한 포지티브에 대해 알아보겠습니다.

순수한 포지티브는 문자 그대로 순도 100퍼센트의 좋은 것만으로 이루어진 포지티브를 뜻합니다.

생각해보세요. 당신의 인생에도 순수한 포지티브가 찾아온 적이 여러 번 있을 겁니다. 내내 짝사랑했던 사람에게 고백해서 승낙받았을 때, 괴로운 수험 공부 끝에 동경하던 학교에 합격했을 때 혹은 회사에서 염원하던 자리에 발탁되었을 때 등. 하지만 그런 커다란 일이 아니라도 인생에는 여러 가지 행운이 있어서 우리에게 순수한 포지티브를 가져다줍니다. 환희의 순간이지요.

그럴 때 우리는 당연히 행복합니다. 이런 기분이 평생 이어지면 좋겠다고 생각합니다. 하지만 그건 인생에 지극히 드물게 찾아오는 행운이기에 오래 지속되지 않습니다. 순수한 포지티브는 덧없이 지나가버리는 법입니다.

백마 탄 왕자님이라고 생각했던 연인은 막상 사귀어보니 코털 나온 왕자님이었고, 동경했던 대학은 정작 입학해보면 꽤나 지루한 곳입니다. 시간이 흐르면 완전한 행복에는 이물질이 섞여들기 시작합니다. 그러면 순수한 포지티브는 불순한 포지티브로 변해갑니다.

불순한 포지티브란 '적당한' 포지티브입니다. 마음에는 네거티브가 섞여듭니다. 그렇다 해도 기본적인 포지티브함은 상실되지 않습니다. 이것이 불순한 포지티브입니다. 그러므로 '적당히 좋은' 포지티브라고 바꿔 말하는 편이 좋을지도 모릅니다.

가령 남자 친구는 분명 코털 왕자님인 데다, 왠지 인색하고, 심지어 칠칠치 못하기까지 합니다. 하지만 기본적으로는 다정하고 나를 소중히 여겨줍니다. 아주 가끔이긴 해도 멋있어 보일 때조차 있습니다. 그럴 때 그 남자 친구는 불순한 왕자님입니다.

아마 이 불순한 포지티브야말로 톨스토이가 "행복한 가정은 모두 비슷하다"라고 말했을 때의 행복이겠지요. 평범하고, 이런저런 일이 있지만 '적당히 좋은' 것. 그러므로 여기에는 두 가지 행복이 있습니다. 하나는 절정의 행복이고, 다른 하나는 적당히 좋은 행복입니다.

중요한 건 전자가 후자보다 포지티브의 성분이 많은 만큼 더 행복하다고 여길 수도 있지만, 실제로는 그렇지도 않다는 점입니다.

호빵맨을 떠올려보세요. 순수한 포지티브는 인공적으로 네거티브를 배제함으로써 성립합니다. 그로 인해 얻은 절정의 행복은 이면에 순수한 네거티브를 떠안게 됩니다. 순수한 포지티브는 이따금 행운으로 찾아올 때는 좋지만, 그 상태를 유지하려고 하면 힘들어집니다.

제아무리 근사한 결혼식을 올린다 해도 다음 날부터는 수수하고 거친 일상이 기다리고 있는 법이지요. 서로의 싫은 면과 부족한 부분을 연신 체험하는 것이 결혼 생활입니다. 그때 그 근사한 결혼식장에 있었던 두 사람의 모습 그대로 지내고 싶다고 고집을 부리면 가정은 불행해집니다. 끊임없이 생겨나는 네거티브한 요소를 계속 퇴치해나가야 하니 서로를 용인하지 못하게 되겠지요.

이것이 명제 ① '포지티브한 불행을 발견하는 것'에 대한 대답입니다. 순수한 포지티브는 경우에 따라 불행이 됩니다.

순수한 네거티브와 불순한 네거티브

다음으로 네거티브를 살펴보겠습니다.

순수한 네거티브와 불순한 네거티브, 이들은 대체 무엇일까요?

순수한 네거티브란 순도 100퍼센트의 네거티브를 뜻합니다. 인생을 건 도전이 처참한 실패로 끝났을 때, 믿었던 사람으로부터 배신당했을 때, 경제적으로 곤궁에 빠졌을 때, 밤낮으로 괴롭힘을 당할 때, 우리는 순수한 네거티브의 한복판에 있습니다.

그럴 때 우리의 마음은 나쁜 것으로 가득 찹니다. 눈앞이 캄캄하고 아무도 믿을 수 없어집니다. 자기 자신조차 어리석고 형편없는 인간으로 여겨집니다. 절망밖에 보이지 않으니 죽음만이 구원으로 느껴지는 경우도 있습니다. 그것은 생명을 위협하는 괴로움입니다.

순수한 네거티브에서 행복이라 할 만한 것을 발견하기란 당연히 어렵습니다. 그럴 때 우선 필요한 것은 환경을 바꾸는 일입니다. 당신을 상처 입히는 구체적인 위협으로부터 달아날 필요가 있습니다. 이것은 대전제입니다.

그렇게 현실적으로 안전이 확보되었다 해도 순수한 네거티브가 물러나지 않는 경우도 있습니다. 순수한 포지티브와 같은 메커니즘이 작동하는 것입니다. 포지티브한 요소가 인공적으로 배제되는 것이지요.

안전이 확보되면 순수한 네거티브도 시간의 경과에 따라 불순해질 것입니다. 적이라고 생각했던 사람한테도 아군 같은 면이 있다는 것이 보일지도 모르고, 실패했다고 생각했던 일이 다음 성공의 싹이 되는 경우도 있겠지요.

하지만 순수한 네거티브의 한복판에서 절망으로 기력을 잃었을 때는 우리의 눈에 좋은 것이 보이지 않고, 설령 눈에 들어온다 해도 스스로 부정합니다. 친절한 누군가가 말을 걸어와도 '이 녀석도 나를 우습게 보고 있군' 하고 생각하기도 합니다. 또는 아직 자신에게 남아 있는 가능성이나 선택지가 있다 해도 그 또한 실패로 끝날 거라는 생각만 들 겁니다. 어렴풋이 있을지도 모를 좋은 것도 전부 없는 셈 칩니다. 나아가 그조차도 나쁜 위협으로 치부해버립니다. 여기에 순수한 네거티브의 덫이 있습니다.

그런 최악의 상황에서는 사실 순수한 포지티브가 도움이 됩니다. 인생의 구렁텅이에 빠져 있을 때 우리의 마음은 극단적인 것을 생각합니다. 회사 일에 크게 실패하면 도리어 창업으로 한 방 역전을 노립니다. 시험 성적이 나쁘면 눈 딱 감고 자퇴해서 전혀 다른 인생을 걸을까 생각합니다. 그럴 때 마음은 공상적으로 변해 현실을 놓칩니다.

그럼에도 캄캄한 세계에 강렬한 빛이 나타나는 것은 구원입니다. 순수한 포지티브를 공상하는 건 자신을 둘러싼 순수한 네거티브에 대항할 힘이 됩니다. 단, 그럴 때 인생은 폭풍과도 같습니다. 순수한 포지티브와 순수한 네거티브가 빙글빙글 뒤바뀌기 때문입니다.

자신을 천재라고 생각한 다음 순간 스스로가 엄청난 바보명청이 같아서 죽고 싶어집니다. 연인을 백마 탄 왕자님이라고 생각한 다음 순간 이 녀석은 최악의 사기꾼이라며 절망합니다. 비참한 인생과 근사한 인생이 교대로 찾아옵니다.

그건 회색 지대가 없는 흑과 백, 양자택일의 세계입니다. 순수에서 순수로, 극단에서 극단으로 롤러코스터가 질주합니다. 그것이 본인에게는 어떻게든 살아남으려는 필사적인 시도라 해도 불안정하고 위험한 시기입니다.

그러므로 순수한 네거티브가 덮쳐올 때 정말 필요한 것은, 순수한 포지티브가 아니라 불순한 네거티브로 이행해가는 일일 겁니다. 손전등이든 등대든 상관없습니다. 눈부신 빛으로 어둠을 모조리 몰아내는 것이 아니라 아스라한 빛을 손에서 놓지 않는 것. 그리고 그 빛으로 깊은 어둠을 조금씩 비춰나가는 것.

밤의 항해를 해온 우리는 그것이야말로 어둠에서 살아남는 방법이라는 사실을 배웠습니다. 바로 이 꺼지기 쉽지만 확실히 존재하는 아스라한 빛에 명제 ② '네거티브한 행복을 발견하는 것'의 대답이 있습니다.

포지티브한 행복과는 다른 네거티브한 행복. 그것은 다름 아닌 이 불순한 네거티브 속에 있지 않을까요.

불순과 네거티브. 어떻게 생각해도 '행복'과는 관계가 먼 두 단어. 이들이 합쳐지면 어째서인지 행복의 또 다른 형태가 됩니다.

어떻게 된 일일까요?

이 수수께끼를 풀기 위해서는 또다시 이야기의 힘이 필요합니다. 불순한 네거티브의 본질은 '시간'에 있기 때문입니다.

시간의 흐름. 이것이야말로 불순한 네거티브를 만들어내는 깊은 힘이 됩니다. 그러니 시간의 경과를 묘사하는 것, 요컨대 이야기를 하는 것, 그것이 스핑크스의 질문에 대답하기 위한 열쇠가 될 겁니다.

지금이야말로 D의 이야기를 당신께 들려드리고 싶습니다.

K의 밤의 항해 뒷면에서 진행된 또 다른 이야기.

　'다음엔 언제 만날까?'

　K의 스마트폰에 이 메시지가 뜬 날 밤으로 시곗바늘을 되감아봅시다.

밤의 항해: D의 경우

오랜만입니다! 엄청난 보고가 있습니다. 놀랍게도 제가 일단 '애인' 취급을 해줬던 여자가 바람을 피웠습니다. ㅋㅋㅋㅋㅋㅋ

완전 어이없네. 기분 잡쳤어. 불행한 호박이 불쌍해서 사귀어줬는데 역겨운 딴 놈이랑 바람이 나다니, 끝내주지 않습니까? 아, 큰일 났다. 웃음이 안 멎네. ㅋㅋㅋㅋㅋㅋㅋ

　K를 쫓아낸 뒤 휑뎅그렁한 집에서 D는 SNS에 글을 쓰기 시작했습니다. 빠른 손놀림으로 온갖 욕설을 쏟아냈습니다.

　　예전에 회사를 다닐 때 만들어둔 익명 계정이었습니다. 상사의 험담을 하기 위해 시작했다가 창업한 뒤로는 거래처나 경영인 동료의 욕을 장황하게 늘어놓았고, 다시 회사원이 되고부터는 직장이나 동료를 무참하게 헐뜯었습니다. "의미라고는 없는 일." "머리 나쁜 녀석들." "멍청한 놈은 쓸데가 없다니까." 이런 말을 올리면 누군가가 '좋아요'를 누릅니다. 그런 걸 통해 스트레스를 해소했던 겁니다.

　　K를 사귄 뒤로는 그 계정을 사용할 일이 거의 없어졌습니다. SNS에 쓰고 싶은 말은 K가 들어줬기 때문입니다. 하지만 그날 밤, D의 마음을 받아줄 곳은 SNS밖에 없었습니다. D는 오랜만에 앱을 열어 머릿속에서 날뛰는 파괴적인 말을 계속 썼습니다.

　　따끔하게 가르쳐줬습니다. 본인을 위해서죠. 배신은 인간으로서 최악의 행위니까 쓰레기한테는 쓰레기라고 말해주는 게 신사의 도리잖아요. 그 여자는 울면서 사과하던데, 너무 멍청하지 않습니까? 사과할 정도라면 처음부

터 이런 황당한 짓 하면 안 되잖아!! ㅋㅋ

그나저나 인간은 지독한 존재군요. 그 여자, 나 정도밖에 상대해줄 사람이 없어서 겁나게 서포트해줬는데 이 꼴이 됐습니다. 은혜도 모르는 쓰레기. 개쓰레기. 인간을 믿으면 안 됩니다! 이거, 시험에 나옵니다. ㅋㅋ

그렇게 쓰는 와중에도 D의 머릿속에서는 나쁜 상상이 멈추지 않았습니다.

K가 자신이 모르는 누군가와 친밀한 메시지를 주고받으며 비밀스러운 마음을 나눕니다. 두 사람은 어느 호텔에서 아무것도 모르는 자신을 "멍청이", "아둔한 남자" 하고 깔보며 비웃고 있을 것입니다. 머리가 이상해질 것 같았습니다.

'난 그 여자의 진짜 모습을 몰랐어.'

D 안에서 K는 모습을 바꾸었습니다. 예전에는 지적이고 배려심이 깊어, 존경했을 정도의 여자였는데 지금은 비열하고 악의에 찬 동물로 여겨졌습니다.

'죽이고 싶다.'

그런 생각이 들어서 SNS를 쓰는 손을 멈출 수 없었습니다.

완전 멍청한 호박. 죽어버려라. 불행 세균 뿌리고 다니지 마!

생각하면 할수록 기분 더럽네. 되갚아줄 수 있는 좋은 방법 없을까. 날 안주 삼아 즐겼겠다? 굴욕을 맛보여주지 않으면 수지 타산이 안 맞잖아. 본인이 얼마나 역겨운 인간인지 깨닫게 해줄 테다.

D는 밤새도록 SNS에 글을 올렸습니다.

자신을 덮친 불행에 대해 털어놓을 만한 사람이 한 명도 떠오르지 않았습니다.

'이런 건 아무한테도 말 못해.'

마음의 고통은 인터넷상에 분출되는 것 말고는 갈 곳이 없었습니다.

황폐해질 대로 황폐해지다

그 뒤로 한 달 동안, D의 생활은 황폐해질 대로 황폐해졌습니다. 술을 들이붓듯이 마시고 쓸데없는 곳에 돈을 마구 썼습니다. 술자리에 가면 주위 사람을 거칠게 매도할 때도 있었고, 일면식도 없는 여자에게 치근덕거렸으며, 하룻밤 관계를 맺기도 했습니다.

그럴 때 D는 순간적으로 후련해졌습니다. 취해서 말도 안 되는 짓을 하고 있으면 고양감이 치솟았고 자신도 제법 쓸 만하다는 생각이 들었습니다.

전에 말한 소주 바에서 또 마셨다! ㅋㅋ 날 깔보는 멍청한 어린놈한테 설교를 퍼부어줬으니 일본 사회를 조금은 더 나은 곳으로 만들지 않았나 싶다. ㅋㅋ

어떻게 집에 왔는지 하나도 기억이 안 나. 토할 것 같다. 그나저나 방에 모르는 녀석이 있군요. ㅋㅋ 얜 또 누구야. ㅋㅋ 술은 무섭네. ㅋㅋ 근데 아마 내일도 먹을걸? ㅋㅋㅋㅋㅋㅋㅋ

밤에만 유지되는 고양감과 절정감. 그것이 D가 느끼는 마음의 고통을 순간적으로 날려주었습니다. 하지만 날이 밝고 취기가 가시면 세상은 여전히 비참했습니다.

눈을 뜨면 혼자 사는 작은 집은 황폐해질 대로 황폐해져 있었습니다. 목은 건조하고 눈은 충혈되었으며 몸에서는 지독한 술 냄새가 났습니다. 숙취 때문에 무거운 머리로 앱을 열면 심한 말들과 어리석은 자신이 남겨져 있었습니다.

D의 인생은 착실하게 망가져갔습니다. 저금은 줄줄 샜고 몸도 안 좋았습니다. 무엇보다 D는 주위 사람들에게 상처를 주고 있었으므로 점차 차가운 시선을 받게 되었습니다. 그것이 더더욱 D를 비참하게 만들었습니다. 모든 게 K 때문이라는 생각 때문에 증오심은 한층 깊어졌습니다.

웃기지 마! 난 이렇게 고생하고 있는데 그 여자는 태평하게도 새로운 남자랑 즐겁게 살고 있다고 생각하면 진짜 죽여버리고 싶어.

D의 마음에는 그날 밤의 광경이 다시 떠올랐습니다.

'다음엔 언제 만날까?'

스마트폰에 떠 있던 메시지, K에게 퍼부었던 잔인한 말들, 눈물로 엉망이 된 K의 얼굴. 분노에 떨며 찌르는 듯한 아픔을 느낍니다. 자신이 오물 같아서 죽고 싶어졌습니다. 기분 전환을 하려고 거리를 걸으면 평범한 커플들이 눈부시게 보입니다. 자신이 그런 '평범'으로부터 떨어져 나온 이방인으로 여겨졌습니다.

'나도 얼마 전까지는 저쪽에 있었는데…'

문득 SNS에 이런 글을 쓸 때도 있었습니다.

결국 늘 같은 방에 갇혀 있는 것 같다. 숙식이 제공되는 곳에서 일할 때 살았던 연립주택도 그랬고, 망한 회사의 사무실도 마지막에는 그랬다. 커튼이 두껍고 맥주 캔이 널브러진 지저분한 방에 결국 나 혼자다.

어머니와는 인연을 끊었고, 자신에게 은혜를 베풀어 준 상사와도 사이가 틀어졌으며(상담도 그때 끝났습니다),

인생을 걸었던 사업은 실패로 끝났고, 처음으로 신뢰했던 여자에게 배신당했습니다.

'나는 결국 혼자다.'

그런 마음을 SNS에 썼다가 아무도 보지 않았을 때 얼른 지웠습니다. 본인한테 취해 있는 멍청이일 뿐이야. 스스로 자기 자신을 그렇게 생각했습니다. 그래서 술을 마시는 수밖에 없었습니다. 취해서 엉망으로 행동하지 않으면 머리가 이상해질 것 같았습니다.

그런 절망적인 나날이 한 달 정도 이어졌습니다.

흰색인가, 검은색인가

이 시기 D는 순수한 네거티브에게 잡아먹히고 있었습니다. K의 비밀이 D의 마음을 파괴해 네거티브한 것으로 채워버렸습니다. 그만큼 D에게 K는 특별한 사람이었겠지요.

D는 K를 이상화하고 있었습니다. K를 뭐든 받아주는 존재라고 믿어서 과도하게 의존했던 것입니다. 어머니와의 관계가 어려웠기 때문이겠지요. D는 전능한 어머니에게 보살핌

을 받고 싶다는 비밀스러운 욕망을 품고 있었습니다. 어른이 된 뒤로도 미숙한 채로 남아 있던 그 욕망은 상사나 친구나 상담사에게로 향했고, 그것이 충족되지 않으면 관계를 끊어 버렸습니다. 그 욕망이 K를 향해 전면적으로 전개되었던 것입니다.

연애는 성가십니다. 당신한테도 짚이는 구석이 있을지 모릅니다. 평소에는 어른스럽게 행동할 수 있는 사람이라도 유치한 부분이 분출되니까요.

한창 연애 중일 때, 사람은 상대를 이상화해서 자기 안의 충족되지 않은 욕망을 채우려고 합니다. 그것은 당연히 상대를 상처 입히고 망가트립니다. 현실적이지 않은 것을 요구하면 관계를 유지할 수 없습니다.

그럼에도 연결을 계속 유지하고 싶다면 상대와의 관계를 조정해야 합니다. 이상화했던 상대의 현실적인 모습을 직시하고, 환멸하고, 받아들이는 과정을 거쳐야 합니다. 이를 두고 세상 사람들은 "연모에서 사랑으로"라고 말하는지도 모릅니다.

그렇다 해도 이번에 D의 환멸은 너무도 급격했습니다. 배신이 D의 이상화를 하룻밤 만에 파괴했기 때문입니다. 그러자 K는 이상적인 여자에서 180도 돌변해 무자비하고 비열한 악녀로 보이게 되었습니다.

그뿐만이 아닙니다. D의 자아상 역시 180도 변했습니다. D는 회사가 도산한 뒤 자신감을 잃긴 했지만, K와 사귀고부터는 자신도 아직 쓸 만하다고 생각했습니다. 그런데 지금은 자신을 남자로서 아주 열등한 인생의 패배자로만 여기게 되었습니다.

흰색이 검은색으로 뒤바뀌는 오셀로 게임 같습니다.

순수한 포지티브에서 순수한 네거티브로.

그것이 D의 마음에 생겨난 변화였습니다.

순수한 네거티브는 치명적인 괴로움이므로 순수한 포지티브를 주입해 날려버려야 합니다. D가 황폐한 생활을 하며 SNS에 지독한 말을 계속 썼던 것은 불쾌한 기분을 순간적으로 마비시키기 위해서였습니다.

하지만 당연히도 억지로 배제한 것은 다시 돌아옵니다. 술 취한 밤에는 절정감을 느끼더라도 아침이 되면 괴로운 현실이 돌아옵니다. 새까만 것을 새하얗게 물들여봤자 다시 새까만 것으로 뒤덮입니다. 마치 대폭풍 같습니다.

밤의 항해에는 그런 시기가 있습니다. 그럼에도 시간은 앞으로 흘러갑니다.

재회

'사과하고 싶어.'

어느 날 아침, 자고 일어났더니 K로부터 메시지가 와 있었습니다.

'시간 좀 내줘.'

D는 혼란스러웠습니다. 이제 와서 대체 무슨 생각인 걸까? 그리고 한 박자 뒤늦게 격렬한 분노가 샘솟았습니다.

역겨운 여자한테서 역겨운 연락이 왔다~!!

사과하고 싶다는데 이제 와서 뭘 어쩌자고~~~ 완전 황당하네. ㅋㅋㅋㅋ

D의 마음속에 있었던 것이 증오뿐이라면 K의 연락 따위 무시해버리면 됩니다. 하지만 D 안에는 또 다른 마음 하나가 있었습니다.

K의 진심을 알고 싶었습니다.

K에게 자신은 어떤 존재였는가. K는 사실 자신을 어떻게 생각했던 걸까. 우리 관계는 뭐였을까. 결국 D의 머릿속은 K로 가득했으니 안 만날 수가 없었습니다.

그날 밤 K는 약속한 시간에 D의 황폐해질 대로 황폐해진 집으로 찾아왔습니다. 오랜만에 눈앞에 나타난 K는 몹시 여위고 초췌해져 있었습니다.

'이 여자도 상처받은 걸까?'

그렇게 생각하자 D의 가슴이 순간적으로 욱신거렸습니다.

"당신을 상처 입힌 건 정말 미안해."

K는 사과했고, 메시지의 상대에 대해 설명했으며, 그 남자와는 완전히 인연을 끊었다고 이야기했습니다. 진심 어린 사과였고 성실한 설명이었습니다. 그러나 그것은 D를 깊게 상처 입혔습니다. 내가 모르는 곳에서 K가

실제로 무엇을 하고 있었던가. D가 상상했던 그로테스크한 광경이 직접 K의 입에서 흘러나온 것입니다. 악몽 같았습니다. 그래서 결국 욕설을 퍼붓는 수밖에 없었습니다.

"이제 와서 사과해봤자 네가 인간쓰레기라는 사실은 변함이 없어!"

일단 불이 붙은 분노는 멈출 수 없습니다. 분노에는 흥분과 상쾌함이 있습니다. 고함을 치면 칠수록 K는 나쁜 존재로 보이므로 더더욱 파괴하고 싶어집니다. 그러면 비참한 건 자신이 아니라 이 여자라는 생각이 들기 때문에 마음의 고통이 약간은 완화됩니다.

"거짓말만 해대고, 넌 역겨운 인간이야!"

가해자와 피해자

K는 꾹 참았습니다. D의 분노를 받아들여야 합니다. 그것이 자신의 책임이라고 각오하고 이날의 만남에 임한 것입니다. D의 말이 끊길 때까지 K는 그 목소리에 계속 귀 기울였습니다. 비명 같다고 생각하면서요. 그러

다가 폭풍이 멎었을 때 말했습니다.

"부탁이니까 들어줘."

K에게는 D가 알아줬으면 하는 것이 있었습니다. K는 이야기했습니다. D를 알게 된 뒤로 무척 즐거웠던 것, 처음으로 사람을 제대로 사귈 수 있었다는 것, 그 사실에 구원받았던 것. 그리고 사귀기 시작하고 얼마 뒤부터 D의 말과 행동에 배려가 없어진 것.

"당신은 그 무렵 나를 함부로 대했어. 당신의 말에 상처받았어. 사실은 싫었어."

K는 말했습니다.

"당신이 괴로운 시기를 보내고 있었던 건 알아. 그래도 싫은 건 싫었어."

자신이 약해서 그걸 '싫다'고 말하지 못했다는 것, 그리고 그 약함 탓에 D를 배신했다는 것도 말했습니다.

"이기적인 말 하는 거 알아. 진짜 미안해. 그래도 알아줬으면 좋겠어."

D는 받아들이지 못했습니다.

당신 때문이야. 이렇게 된 건 당신이 잘못해서야. 그

런 이야기로만 들렸습니다. 무슨 소리야? 이렇게 괴로
운데, 잘못은 나한테 있다는 거야?

"웃기지 마!"

욕설이 터져 나옵니다. 자신의 잘못을 떨쳐버리지 않
으면 마음이 부서질 것 같았습니다. 그래서 D는 분노에
몸을 맡겼습니다.

"내가 잘못했다는 소리야?"

D는 발끈해서 진한 경계선을 그었습니다.

"내가 피해자고, 네가 가해자잖아. 그 정도는 알아
야지!"

참혹한 밤이 반복되었습니다. D가 K를 일방적으로
매도합니다. K의 인생에서 반복되어온 각본이 또다시
재연되는 것입니다. 아니, 틀렸습니다. 그 각본은 예전
과는 조금 달랐습니다. 리메이크된 드라마처럼 결말에
약간의 변경 사항이 있었습니다.

"언짢게 만들어서 미안해."

K는 마지막으로 말했습니다.

"하지만 시간을 두고 다시 한번 대화하고 싶어."

그저 파괴되는 것으로만 끝나지 않고, 살아남아서 전해야 할 말을 전할 수 있었습니다. D는 잠자코 있었습니다. 그러나 "싫어"라고도 하지 않았습니다.

계속 만나는 두 사람

진짜 황당했다. 두 시간 동안 이야기했는데, 호박 말로는 전부 내가 잘못했다는군. 기분 완전 더럽다…. 그래, 일단 맥주라도 마시러 가자!

K가 돌아간 뒤 D는 SNS에 이렇게 썼습니다. 평소처럼 드문드문 '좋아요'를 받았지만 결국 외출하는 건 관뒀습니다. 그 대신 딱딱하고 차가운 침대에 드러누워 그날 밤의 일을 곱씹기 시작했습니다.

'어떻게 하면 좋을지 모르겠군.'

복잡한 심정이었습니다. D 안에는 이제 두 번 다시 K를 만나고 싶지 않은 마음도 있었지만, 다시 한번 만나고 싶은 마음도 있었습니다. 그래서 괴로웠습니다.

　그날 밤 D에게 가장 괴로웠던 건 예전의 즐거웠던 기억이 떠오른 겁니다. K에게 창업 상담을 해주며 응원했던 것, 둘이서 몇 번이나 밥을 먹으러 갔던 것, 첫 1박 여행에서 고원을 함께 걸었던 것. 여름에는 같이 해외여행을 가기로 계획했던 것. 그런 기억이 끌려 나오자 나쁜 생각도 분출되었습니다.

　'그건 대체 뭐였어! 이때도, 저때도, 난 멍청하게 속았던 거야.'

　괴로운 생각은 현재뿐만 아니라 과거와 미래까지 까맣게 칠해버립니다.

　그날 밤 K가 보여준 성실함이야말로 K의 본질이라는 사실을 D는 잘 알고 있었습니다. 그렇기 때문에 좋은 기억이 떠올랐지만, 그것이 오히려 D의 마음을 갈가리 찢어버렸습니다. 그런 K가 다른 남자와 함께 있는 모습이 동시에 떠올랐습니다.

　'다음엔 언제 만날까?'

　그 메시지가 머릿속에서 되살아나, K가 사실은 지금도 그 남자와 연락을 주고받으며 자신을 비웃고 있을 것만 같았습니다.

좋은 K와 나쁜 K. 두 K가 동시에 눈앞에 있었습니다. 넌 대체 뭐야?

"왜 내가 피해자라는 사실을 알아주지 않는 거야?"

SNS가 아니라 침대 위에서 D는 조그맣게 중얼거렸습니다.

흰색도, 검은색도

그날 밤 D의 마음속에 생겨난 변화는 '흰색인가, 검은색인가'에서 '흰색도, 검은색도'로의 이행입니다. 마음은 얼룩무늬입니다. 순수에서 불순으로 마음이 옮겨가려는 것이었습니다.

그러나 불순해지면 마음은 전보다 괴로워집니다. 의외일 수도 있겠지요.

순수한 포지티브에서 불순한 포지티브로의 이행이 괴롭다는 것은 이해하기 쉽습니다. 새하얀 세계에 검은색이 섞여드는 것이니 기분이 좋지는 않지요.

반면 순수한 네거티브에서 불순한 네거티브로의 이행은, 단순하게 생각하면 네거티브에 포지티브가 섞이는 것이니 기분이 편안해지리라고 생각할 수도 있습니다. 하지만 그렇지 않습니다.

마음속에 정반대의 것이 양쪽 다 놓이면 괴롭습니다.

K는 좋은 사람일까요, 나쁜 사람일까요?

K가 좋은 사람이면 안심하고 사랑할 수 있습니다. 나쁜 사람이면 미워하면 됩니다. 하지만 양쪽이 동시에 존재할 경우, D의 마음에는 애정과 증오 양쪽이 소용돌이치게 됩니다.

K가 사랑스럽다고 생각하는 동시에 미워하는 건 K를 그냥 미워하는 것보다 훨씬 힘듭니다. K를 이상적인 여성으로 생각하면서 동시에 최악의 인간이라고 생각하는 건 K를 그냥 경멸하는 것보다 훨씬 괴롭습니다.

선하기도 하고 악하기도 한 얼룩무늬 상대와 함께 있는 것보다는 순수한 악을 철저하게 공격하는 것이 마음 편합니다. 그래서 '흰색도, 검은색도' 쪽으로 옮겨가기 시작하면 마음에는 '흰색인가, 검은색인가'로 돌아오려고 하는 힘이 작용합니다.

D는 혼란해하고 있었습니다. 마음이 아팠습니다. 얼룩무늬 K를 어떻게 받아들여야 하는가. 이것이 바로 문제였습니다.

사람을 믿다

밝은 조짐이 보였습니다. K와 재회한 날 밤 이후 D는 조금씩 업무에 몰두할 수 있게 되었습니다. 예전의 D는 직장에 불만이 가득했으니 인사치레로도 좋은 직원이라고는 말할 수 없었습니다. 그런데 지금은 일이 D를 구해주고 있습니다.

매일 아침 같은 시간에 회사에 가서 프로그램을 만들고, 청구서를 작성하고, 메일에 답신을 보냅니다. 그렇게 눈앞의 일에 집중하다 보면 일한 만큼 착실하게 앞으로 나아갈 수 있으니 '흰색인가, 검은색인가' 하는 생각에서 벗어날 수 있습니다. 사생활에서는 엉망진창인 자신이라도 업무에서는 누군가의 도움이 되고 성과를 낼 수도 있습니다. 그 사실에 구원받았습니다.

그러는 사이에 D의 사내 평가도 좋아졌습니다. 전에

는 D가 자존심만 세다며 주위 사람들이 가까이 가지 않았지만, 차츰 상사와 동료, 부하와 마음을 터놓게 되었습니다. 함께 한잔하러 가는 동료도 생겼습니다. 술 마시는 양도 적어졌고, 남을 함부로 상처 입히는 일도 없어졌습니다. 고독이 줄어들었기 때문이겠지요. 생활이 회복된 것입니다.

일하기가 사랑하기를 지탱합니다. 공유의 연결이 비밀의 연결을 지탱합니다. 그런 나날 속에서 D는 K와 한 달에 한두 번씩 계속 만났습니다. 만나면 괴로운 시간이 시작되었습니다. 대화는 결국 D의 상처를 건드려서 그것에 견디지 못했기 때문입니다. D는 몇 번이나 분노에 떨며 욕설을 퍼부었습니다. 그리고 그렇게 거친 말을 해대는 자신에게 마음속 깊이 환멸을 느꼈습니다.

난 대체 뭘 하고 있는 걸까. 매번 만나면 같은 일이 반복된다. 정말이지 발전이 없다. 이런 여자랑은 얼른 인연을 끊어야 하지 않을까.

몇 번이나 SNS에 그렇게 썼습니다. 하지만 결국 또 만나고 맙니다. 그리고 참혹한 시간이 재연됩니다.

결국 문제는 하나였습니다. 흰색인가, 검은색인가. 나는 이 여자를 믿어도 되는가, 믿으면 안 되는가.

그런 시기가 반년 가까이 이어졌습니다. 일하기와 사랑하기를 오가며 D의 머릿속에서는 같은 질문이 계속 되풀이되었습니다. D는 서서히 피폐해졌습니다. 그렇지만 어쩌면 좋을지 알 수가 없었습니다.

인간을 믿는다는 건 정말 어려운 일입니다. 현실의 복잡하게 뒤얽힌 인간관계는 영화나 드라마 속 인간관계처럼 해결되지 않습니다. 있는 것은 수수한 시간의 흐름뿐입니다.

하지만 그것이야말로 인간을 믿는 데 유일한 힘이 됩니다. 납득이 안 되는 일, 모순으로 가득한 일, 절대 용서할 수 없는 일, 다시 말해 논리적 사고로는 대답이 나오지 않는 일을 시간은 천천히 녹여줍니다.

발전이 없어 보였던 시간은 D의 마음속 깊은 곳에서 남몰래 착실한 작업을 계속하고 있었습니다. 변화는 눈에 보이지 않을 정도로 천천히 일어나고 있었습니다.

시간을 들입니다. 어려운 문제를 마음에 계속 품고 있습니다. 그러면 어느 날 그것이 툭 떨어집니다. 흰색과 검은색이 뒤섞여 회색이 됩니다. 그때 D의 마음에는 예전과 다른 풍경이 펼쳐집니다. 불순한 네거티브가 모습을 드러냅니다.

회색 여자 친구

어느 금요일 밤, 술자리를 마무리하고 집으로 돌아가는 길. 동료와 헤어지고 전철을 탄 D는 SNS를 확인했습니다.

저녁에 올린 업무 관련 재미있는 잡담이 드물게 리트윗되어 가볍게 인기를 끌고 있는 것이 보였습니다. 왠지 인플루언서 엔지니어가 된 듯해서 조금 기뻤습니다.

밤 열한 시가 지난 전철 안은 혼잡했습니다. 회식을 마치고 귀가하는 듯한 사람들로 가득한 가운데 운 좋게 자리에 앉았습니다. 일주일 동안 열심히 일했구나. D는 기분 좋은 피로감에 젖어 차량 내 광고를 멍하게 바라보았습니다. 빈모 치료 포스터 옆에 탈모 클리닉 광고가 붙어 있었습니다.

'너무 많아도 안 되고, 너무 적어도 안 되는구나. 털 고민은 십오하다.'

트위터에 올려볼까. 취한 머릿속으로 문장을 다듬으며 탈모 클리닉 광고판에서 웃고 있는 여자 모델을 바라보다가 문득 무언가가 떠올랐습니다. 예전에 K가 미용 클리닉에 다닐까 진지하게 고민하던 시기가 있었다는 것이. 그것을 두고 "네 털은 너무 진하니까" 하며 놀렸던 것이.

예전에는 흔했던 나날의 기억입니다. 내가 놀리고, K가 삐진다. 내가 사과하고, K가 용서해준다. 그리고 또 다시 내가 놀린다. 몇 번이나 주고받은 그런 대화를 그립게 떠올리자 슬퍼졌습니다.

즐거웠지. 그 시절엔 좋았는데….

그때였습니다.

'사실은 싫었어.'

전철의 소음 틈새로 갑자기 K의 목소리가 울려 퍼집니다.

'당신은 그 무렵 나를 함부로 대했어.'

우리는 그때 정말로 '좋았던' 걸까?

D의 마음속 목소리가 자문합니다.

'난 K를 소중하게 여기지 않았던 게 아닌가?'

지금까지의 일이 떠오릅니다.

부업으로 시작한 사업이 점차 커졌던 것. 기고만장해서 본업을 소홀히 했던 것. 그 점을 비난하는 상사와 트러블이 생겨 도망치듯 퇴사했던 것.

한동안은 사업이 순조로웠던 것. 같은 또래의 경영자 동료가 생겨서 서로 힘이 되어줬던 것. 차츰 사업이 어려워져서 동료들을 질투하게 되었던 것. 누군가를 상처 입히기 전에 그들을 떠났던 것. 본의 아니게 회사원 신분으로 돌아와 운 나쁜 처지를 한탄했던 것.

그런 자신을 K가 지탱해줬던 것. 언젠가부터 그것을 당연하게 여기고 방약무인으로 굴었던 것. 더 나아가 K에게 심한 말을 퍼붓고 멋대로 휘둘렀던 것. 싫어하던 K가 그래도 금세 기분을 풀었던 것. 호텔리어 같은 표정으로 웃었던 것.

'다음엔 언제 만날까?'

창백해진 K의 표정. 이상해진 자신.

오랜만에 만났을 때의 여윈 모습. 그래도 퍼부은 거친 말들.

실제로 난 K를 상처 입히지 않았나. 나는 K가 아무리 심한 짓을 당해도 상처받지 않는 사람이라고 생각했던 게 아닌가. K의 기분 같은 건 손톱만큼도 배려하지 않았던 게 아닌가.

"당신이 괴로운 시기를 보내고 있었던 건 알아. 그래도 싫은 건 싫었어"

그래서 우리는 이렇게 되어버린 게 아닌가.

"내가 피해자고, 네가 가해자잖아!"

아니, 틀렸다. 사실은 나도 가해자고 K도 피해자였다.

K의 약함을 알아차리지 못할 정도로 내가 약했던 게 아닌가. 그리고 지금도 여전히 약하고 어리석지 않은가.

"당신의 말에 상처받았어. 사실은 싫었어"

당신 탓이야. 그렇게 탓하는 것으로만 들렸던 K의 말. 그것이 처음으로 절실한 마음이 담긴 말로 다가왔습니다. K는 D를 탓하기 위해서가 아니라 이해받기 위해서 호소했던 것입니다.

"당신의 말에 상처받았어."

나는 얼마나 어리석었나!

전철 안이었는데도 울음이 터질 것 같았습니다. 어금니를 꽉 깨물고 눈물을 꾹 참았습니다. 그것은 그날 밤 이후로 처음 느낀 감정이었습니다.

자신이 K를 소중하게 여기지 않았던 것이 아쉬웠고, 너무나도 슬펐습니다. 그 때문에 이다지도 참담한 상황이 된 것이 걷잡을 수 없이 후회되었습니다. 자신이 어리석은 짓을 계속해서 K를 포함한 많은 사람들을 상처 입혔다는 생각이 들자 견딜 수 없어졌습니다.

마음이, 가슴이, 눈 안쪽이 아렸습니다. 하지만 그 슬픔은 D의 마음을 위로하기도 했습니다.

비로소 K가 지금까지와는 다른 사람으로 보이게 되었기 때문입니다. 그때까지 D에게 K는 모든 것을 감싸주는 완벽한 여자이거나 비열한 배신자 둘 중 하나였습니다. 흰색인가, 검은색인가. 이것이 괴로웠습니다. 그

배신이 K의 악의 때문이 아니라 자신이 K를 상처 입혔기 때문에 일어났다고 생각하면 시각이 달라집니다.

K는 평범한 여자였습니다. 약한 부분도 있지만 그래도 D와 계속 연결되기를 원했던 평범한 여자였습니다. 그러자 K가 여태까지의 인생에서 몇 번이나 상처받아왔다고 이야기했던 것이 떠올랐습니다. 그런 사람을 자신이 상처 입힌 것입니다.

흰색과 검은색이 녹아서 섞이자 회색 K가 보였습니다. 현실의 K가 보였습니다.

'나는 미숙하고 어리석었어.'

뼈저리게 깨달았습니다. 동시에 다른 마음도 들었습니다.

'나는 멍청이였지만, 멍청이라는 걸 깨달았으니 이제부터 조금은 나아질지도 몰라. 조금은 다른 사람을 소중히 여길 수 있을지도 몰라.'

그렇게 생각했던 것입니다.

'사과하고 싶어.'

D는 생각했습니다.

'내리면 전화를 걸자. 그런데 K한테 뭐라고 하면 좋을까? 제대로 이야기할 수 있을까? 모르겠어. 나는 이미 돌이킬 수 없는 심한 짓을 해버렸는지도 몰라.'

생각이 정리되기 전에 전철은 역에 도착했습니다. 전철 문 위에서 탈모 클리닉 광고 모델이 웃고 있었습니다.

'아니야, 내일 하자. 이미 밤이 깊었어. 차분하게 생각하는 편이 좋아. 전화는 그 뒤에 해도 돼.'

느닷없이 기억이 되살아납니다.

'다음엔 언제 만날까?'

그 광경이 또다시 D를 덮칩니다. 가슴이 아프고 머리가 이상해질 것 같습니다. 모든 것을 때려 부수고 싶어집니다. 간신히 참았습니다.

'전부 다 부서진 건 아닐 거야. 그 뒤로도 우리는 계속 만나면서 금방은 해결할 수 없는 것에 대해 이야기를 나눠왔으니까. 그런 시간은 확실히 존재했으니까.'

그리고 D는 밤의 플랫폼으로 한 걸음 내딛었습니다.

네거티브한 행복이란 무엇인가

이제 당신과 나의 이야기로 되돌아갑시다. 길었던 여행도 이젠 거의 목적지가 가까워졌습니다. 지난 시간을 떠올려보세요.

스핑크스에게 "행복합니까?"라는 질문을 받은 우리는 행복에 대해 생각해왔습니다. 그리고 보조선을 그어 행복을 여러 개로 만든 결과, '불순한 네거티브는 어떤 뜻에서 행복이라고 말할 수 있는가?'라는 질문을 마주했습니다.

D의 이야기가 가르쳐준 것은 불순한 네거티브의 정체가 '슬픔'이었다는 점입니다.

순수한 네거티브 속에 있을 때 D는 고통에 시달렸고 나쁜 것으로부터 위협받았으며 증오심을 불태웠습니다. 온갖 부정적인 감정으로 가득 차 있었습니다. 하지만 거기에 슬픔의 장소만은 없었습니다.

슬픔이란 소중한 것을 상실했을 때 느끼는 감정입니다.

D가 슬퍼하기 위해서는 K가 소중한 사람이었다고 느낄 필요가 있었습니다. K가 극악무도한 배신자에 순수한 가해

자라고 생각하는 한, 분노나 증오는 있지만 슬픔의 감정은 샘솟지 않습니다.

슬퍼하기 위해서는 좋은 것이 섞일 필요가 있습니다. 침울해하고 한탄하고 뉘우치려면 마음을 지탱해줄 것이 필요합니다. 슬픔은 신기한 감정입니다. 분명 네거티브한 감정이긴 해도 그뿐만은 아닙니다.

슬퍼하는 것을 통해 D는 이상적인 K를 단념하고 최악의 K로부터 벗어나 현실의 K를 발견할 수 있었습니다. 소화불량을 일으켰던 흰색과 검은색을, 슬픔이 회색으로 녹여준 것입니다.

그럴 때 세계는 복잡함을 되찾습니다. 현실은 사실 회색입니다. 흰색과 검은색이 뒤섞인 애매한 색채야말로 이 세상의 본격적인 모습입니다.

그러므로 비로소 슬퍼할 수 있게 되었을 때, 우리의 마음은 예전보다 조금 더 넓고 깊어집니다. 마음에 복잡한 것을 놓아둘 만한 공간이 생깁니다. 이것을 저는 '네거티브한 행복'이라고 부르고 싶습니다.

물론 그건 괴로운 시간입니다. 슬픔은 기분 좋은 감정이 아니라서 마음을 울적하게 만듭니다. 하지만 그런 시간이 없으면 우리의 마음은 단순하고 좁고 얕은 상태에 머무르게 됩니다. 눈앞의 복잡한 현실과 교류하지 못한 채 흰색과 검은색밖에 존재하지 않는 자신만의 세계에 틀어박히면 세계는 빈약해집니다.

슬픔에는 충만함이 있습니다.

거기에는 세계의 복잡함과 타자의 복잡함, 자신의 복잡함을 위한 여백이 있습니다. 그런 사실을 실감할 때, 우리는 네거티브한 일이 연신 일어나는 인생을 그럼에도 살아갈 만하다고 느낍니다. 이를 두고 세상 사람들은 "어른이 된다"라고 말하겠지요.

어른이 되는 것. 이것이야말로 네거티브한 행복의 정체입니다.

어른에게는 어른의 평안함이 있습니다. 이것을 명제 ②'네거티브한 행복을 발견하는 것'에 대한 대답으로 삼고 싶습니다.

'～도'의 철학

행복이란 무엇인가.

그 대답까지 이제 한 고비 남았습니다.

밤의 항해는 '어떻게 살아갈 것인가'를 찾는 여행길이었습니다. 그 최종 목표인 행복에 대해 생각하기 위해 우리는 '포지티브와 네거티브', '순수와 불순'이라는 두 가지 보조선을 그었습니다.

그 결과 떠오른 건 세 가지 행복입니다.

- 절정의 행복이긴 하지만 절정의 불행을 이면에 품고 있는 순수한 포지티브.
- 톨스토이도 인정한 '적당히 좋은' 행복인 불순한 포지티브.
- 세계를 복잡하게 만들고 우리를 어른으로 성장시켜주는 불순한 네거티브.

무엇이 좋은지는 경우에 따라 다르다고 지금까지 계속 말해왔습니다.

보조선을 긋고서 어느 한쪽이 옳다고 보는 것이 아니라 어느 쪽도 옳다고 보는 것.

당신이 지금 어떤 환경에 놓여 있고 어떤 바람 속에서 살고 있는지에 따라 필요한 행복은 달라집니다.

저는 그런 이야기를 해왔습니다.

'포지티브와 네거티브'는 확실히 경우에 따라 달라집니다. 포지티브한 행복과 네거티브한 행복. 당신에게 어느 쪽이 필요한지는 상황과 국면에 따라 달라집니다. 그걸로 괜찮습니다.

하지만 '순수와 불순'은 그렇지 않습니다. 이 둘 가운데 하나를 택하자면 저는 불순의 손을 들어주고 싶습니다.

물론 순수한 포지티브가 이따금 생겨나는 행운으로서 존재하고, 치명적인 고통으로부터 긴급 대피하는 데는 유용하다고 봅니다. 그럴 때도 있습니다. 그럼에도 순수한 행복과 불순한 행복 중 하나를 선택하자면 역시 후자를 지지하고 싶습니다.

항해 막바지에 이르러 어째서 그렇게 단언하는가 하면,

'순수와 불순' 보조선은 다른 보조선과는 조금 다르기 때문입니다. 이는 보조선 위에 긋는 메타 보조선입니다. 다시 말해 건전한 보조선과 병든 보조선을 구분해 병든 보조선을 치료하기 위한 보조선이지요.

이 메타 보조선은 진한 보조선을 연하게 만들어줍니다. 두꺼운 실선을 지우개로 지울 수 있는 점선으로 만들어줍니다.

'순수와 불순' 보조선은 여태까지 그어온 모든 보조선 위에 겹치기 위해 그은 것입니다.

처방전도, 보조선도.

말도, 기수도.

일하기도, 사랑하기도.

공유도, 비밀도.

후련함도, 답답함도.

그리고 포지티브도, 네거티브도.

'~도'의 철학.

이것이야말로 이 책을 관통하는 철학입니다.

저는 거듭해서 '~도'를 강조해왔습니다.

현실은 불순하고 복잡합니다. 그 때문에 우리는 자신의 현재 좌표를 잃고 방향감각을 상실합니다. 그럴 때 조금이라도 현실을 이해하고 길을 찾기 위해 손전등의 빛을 비춥니다. 보조선을 긋습니다.

이는 현실의 복잡함을 잘라내 단순하게 만들기 위해서가 아닙니다. 흰색과 검은색으로 나누는 것은 검은색을 버리고 흰색을 붙들기 위해서가 아닙니다.

'~도'라는 한 글자를 견지하기 위해서입니다.

자기 안에 여러 가지 목소리가 있다는 사실을 허용하는 것. 시행착오를 거치며 시간을 들여서 계속 생각하는 것. 그런 과정이 복잡한 현실을 복잡하게 받아들일 수 있도록 해줍니다. 그렇게 해서 우리는 각각의 경우별로 복잡한 현실과 타협할 방법을 찾습니다.

보조선은 이를 위해 그어야 합니다.

어쩌면 당신은 너무 긍정적인 게 아니냐고 되물을지도 모릅니다.

현실에 대해 지나치게 낙관적이고, 희망을 너무 많이 품고 있다고 여길 수도 있고요.

현실은 때로 잔혹하고 절망적입니다. 지독한 일이 수두룩하게 일어나고, 타자가 내뿜는 악의의 대상이 되는 일은 일상 다반사입니다. 우리가 살고 있는 사회에는 뿌리 깊은 문제가 산더미처럼 쌓여 있습니다.

현실은 단순하지 않습니다. 복잡합니다. 이 세상에는 다양한 타자들이 살고 있습니다. 당신에게 악의를 품는 타자도 있고, 당신의 고통에 무관심한 타자도 있겠지요.

하지만 그뿐만은 아닙니다. 거기에는 선의를 품는 타자도 분명 있습니다. 당신의 곤경을 보면 그냥 지나치지 못하는 타자도 있을 겁니다. 그런 타자들이 반드시 어딘가에는 존재합니다.

저는 그렇게 믿고 있습니다.

저의 일은 현실에서 상처 입은 내담자를 작은 방에서 기다렸다가 딱 50분 동안 이야기를 나눈 뒤 현실로 돌아가는 그들을 배웅하는 것입니다.

현실은 살아갈 만한 가치가 있습니다.

이 긍정적인 인식이 임상이라는 거친 일을 지탱해줍니다. 마음 밑바탕에 존재하는 그 신뢰가 저로 하여금 이 일에 끈질기게 매달리게 해주고, 앞으로도 계속해나가자고 다짐하게 만들어줍니다.

그러므로 결론은 이렇습니다.

행복이란 무엇인가.

그것은 복잡한 현실을 가능한 한 복잡하게 살아가는 일입
니다.

침묵

마지막 준비가 끝났습니다. 지금이라면 흰색과 검은색이
뒤섞인 얼룩무늬 스핑크스에게 대답할 수 있겠지요.

금단의 질문이었습니다. 우리를 혼란에 빠트리고 '이대로
괜찮을까?' 하고 자문자답하게 만드는 질문이었지요.

그것은 다시 말해 당신 안의 여러 가지 목소리를 부상시켜
서 그들이 이야기를 나누게끔 재촉하는 질문이었습니다.

스핑크스의 새빨간 입이 크게 벌어집니다.

"행복합니까?"

스핑크스가 묻습니다.

"당신은 행복합니까?"

괜찮습니다. 지금 당장 대답할 필요는 없습니다.

대답할 수 있을 때까지 시간을 들입시다.

이것은 생각을 계속할 수밖에 없는 질문입니다.

우리의 침묵이 스핑크스에게 가닿습니다. 그 순간 스핑크스가 웃습니다. 거대한 몸이 꿈틀거립니다.

얼룩무늬가 빙글빙글 섞이더니, 회색 나비만 남았습니다.

나비는 팔랑팔랑 수문 너머로 날아갑니다.

저 뒤를 쫓아갑시다.

수문 너머로

조각배의 노를 젓습니다. 아니, 노를 저을 필요도 없습니다. 순풍이 불고 있고, 물살이 알아서 우리를 데려다줍니다.

수문이 열립니다.

눈이 부십니다.

아! 아침입니다. 밤의 항해 끝에 아침이 기다리고 있었습니다.

빛에 눈이 익습니다. 여기는 어디일까요?

바다. 바다. 바다. 바다밖에 없습니다.

항구도 없고 번화가도 없습니다. 육지 같은 건 손톱만큼도 없습니다.

있는 것은 바다뿐. 수문 너머로는 다시 광대한 바다가 펼쳐져 있습니다.

그리고 셀 수 없이 많은 조각배들!

눈에 들어오는 바다 전체에 빼곡하게, 무수한 조각배들이 둥실둥실 떠 있습니다.

현기증이 납니다.

세계가 녹기 시작합니다.

바다도, 아침도, 둥실둥실 떠 있는 조각배들도 흐물흐물해집니다.

당신의 회색 조각배도, 저의 초록색 조각배도 그 색채의 소용돌이 속으로 녹아듭니다.

세계가 빙글빙글 뒤섞입니다.

눈을 감아보세요.

좋습니다. 이제 떠보세요.

당신은 회색 소파에, 저는 초록색 소파에 앉아 있습니다.

이곳은 평소와 같은 상담실.

창밖을 보세요.

푸른 하늘 아래로 무수한 작은 방들이 둥실둥실 떠 있군요.

바다가 끝없이 이어져 있습니다.

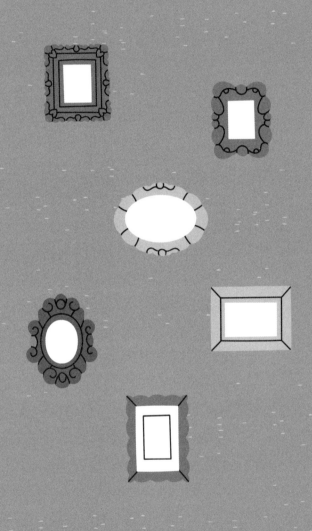

에필로그

시간을 들이다

일을 마친 저녁 시간, 전철역 앞에 있는 카페 르누아르에 들릅니다. 활기찬 가게 안쪽의 구석 테이블에 자리를 잡고, 커피를 주문한 뒤 노트북을 켭니다. 내내 고쳐 써온 워드 파일을 열려고 하다가 문득 멈춥니다.

그렇구나, 오늘은 에필로그를 쓰면 되는구나.

최근 3년 동안 매일같이 썼다가 지우고 다시 쓰기를 계속했는데, 끝이 다가오고 있습니다.

정말 오랜 시간이 걸렸지요. 저에게 이 책을 쓰는 일은 틀림없는 밤의 항해였습니다.

◆ ◆ ◆

몇 년 전,《매일 의존하며 살아갑니다》라는 책을 낸 뒤 허

탈감에 빠져 있었습니다. 그래서 다음에 또 책을 쓴다면 가볍고 시원시원하게 쓸 수 있는 내용을 다루고 싶었습니다.

그런 시기에 한 출판사 편집자와 만나 그즈음 유행하던 자기 계발서와 경제 경영서, 인생살이에 관한 에세이 서적에 대한 이야기를 하게 되었습니다. 개인적으로 그런 종류의 책을 읽는 걸 좋아했고, 임상 심리학자로서도 깊은 관심을 가지고 있었습니다.

마음과 사회는 어떤 관계를 가지고 있는가? 철저한 자본주의 아래 '조각배화'(사회학에서 말하는 '개인화')가 극한까지 진행되려고 하는 우리 사회에서 마음은 어떻게 병들고, 또 어떻게 하면 회복되었다고 말할 수 있는가?

이것이 저의 연구 테마이기도 했기 때문에, 현대적인 삶의 방식을 저마다 이야기하는 책들은 연구 재료로서 안성맞춤이었습니다. 각 삶의 방식은 어떤 사람에게 좋은가? 또 어떤 경우에 좋지 않은가? 저희는 서로가 평소 생각하던 바에 대해 이런저런 대화를 나누었고, 분위기는 달아올랐습니다. 그러다 "이건 '메타 자기 계발서' 같아서 괜찮을지도 몰라요" 하는 식으로 이야기가 흘러갔습니다. 이 이야기가 확장되어 책으로 만들어지게 된 것입니다.

이때 저에게는 자그마한 야심도 있었습니다. 이 책의 3장 부터 5장까지, 즉 '일하기와 사랑하기', '공유와 비밀' 보조선 부분에서는 사회학과 임상 심리학을 뒤섞음으로써 제 나름 대로의 새로운 생각을 제시하려고 했던 겁니다.

'친밀성-비밀의 연결'은 자본주의 사회에서 살아남는 방 법을 고민할 때면 내버려지기 쉬운 부분입니다. 그러나 평소 의 임상에서는 절실한 문제이므로 이를 세상에 묻고자 하는 마음이 컸습니다.

이 책의 골격은 편집자와 이야기를 나누던 그 시점에 거의 완성되었습니다. 실제로 저희는 책의 내용을 녹음하기도 했 습니다. 남은 일은 그 녹음 파일을 글로 옮겨달라고 부탁해서 문장을 세부 조정하는 것뿐이었습니다. 이야기만 했는데 책 이 완성되다니, 편하고 좋구나! 그런 안이한 생각을 하고 있 었습니다.

하지만 당연하게도 일이 그렇게 순탄하게 흘러가지는 않

았습니다. 밤의 항해로 들어가는 입구는 정체를 알 수 없도록 교묘하게 숨겨져 있었습니다.

완성된 원고를 보고 저는 아연실색했습니다.

저로서는 산뜻하게 정리해서 이야기했다고 생각했는데, 막상 문장으로 옮겨놓고 보니 제 이야기는 혼란하고 애매하며 너무도 무미건조했습니다.

책이 이래서는 곤란하지.

그렇게 생각해서 문장을 수정하는 작업을 시작했더니 결국 모든 문장을 지우고 다시 쓰게 되었습니다. 그런 작업을 몇 번이나 거듭했습니다.

가벼운 시술이라고 생각하며 작업을 시작했는데, 뼈를 여러 개 덧붙이고 장기를 이식하고 피부를 완전히 새로 붙이는 대수술이 되고 말았습니다.

밤의 항해를 우화처럼 쓰거나 '중간 결산'을 삽입하거나 보조선 자체를 늘리는 등 여러 가지 변경 사항이 있었지만, 가장 중요한 점은 전편에 걸쳐 사례를 추가한 것입니다.

마음은 메커니즘으로서도 해석할 수 있고 살아 있는 이야기로서도 해석할 수 있지요. 마음은 과학적이기도 하고 문학

적이기도 합니다. 그 양쪽 측면에서 마음을 해석하면 좋은 심리학 서적이 될 게 틀림없다고 전 생각합니다.

관념적이고 건조한 보조선을 살아 있는 보조선으로 만들기 위해서는 K와 D가 반드시 필요했습니다. 물론 전문가로서의 비밀 유지 의무가 있으니 실제 내담자의 에피소드를 그대로 쓴 것은 아닙니다. 이 책 속 이야기는 여태까지의 임상 경험을 뒤섞고 개인을 특정할 수 있는 정보를 떼어낸 다음, 마음의 움직임과 질감만 남기고 에피소드에 새살을 덧붙임으로써 태어났습니다.

오랫동안 함께 해왔던 탓인지 제 마음속에 그들처럼 살고 있는 저 자신이 존재한다는 게 또렷하게 느껴집니다. 이 책을 읽는 여러분도 그런 공감을 느끼기를 바랍니다. 그들의 조각배적인 삶이 당신 안에도 존재하고, 그들에게 들렸던 바다의 천둥소리가 당신의 마음에도 울려 퍼졌다면 저자로서 그보다 행복한 일은 없을 겁니다.

하나 더 덧붙이자면, 근본적으로 바뀐 것은 문체입니다.

저는 이제까지 써온 글과 마찬가지로 임상 심리학자로서 이 책을 쓰기 시작했습니다. 그러나 시행착오를 거듭하는 과정에서 그것만으로는 충분하지 않다고 느끼게 되었습니다.

이 책은 학문적으로가 아니라 임상적으로 써야 했습니다. 이는 실제로 밤의 항해를 하고 있는 독자를 위한 책이기 때문에, 학자로서 높은 곳에서 내려다보는 것이 아니라 임상 심리사로서 곁에서 함께 생각하고 말을 거는 문체여야 했던 거지요.

그러려면 새로운 문어체가 필요했습니다. 경어를 사용하고, 최대한 쉬운 단어를 고르고, 빙빙 돌아가는 일 없이 곧장 논리를 전개해나가는 것. 임상 심리사로서 매일 사용하는 구어체를 문장으로 옮길 필요가 있었습니다.

어려운 일이었습니다. 저는 몇 번이나 방향감각을 잃었습니다. 몇 번을 다시 써도 충분해 보이지 않아서 좌절했습니다. 끝나지 않을 것 같은 밤이 계속되었습니다.

고뇌하는 사람들을 향해 임상 심리사로서 글을 쓰는 것. 선배들이 가볍게 해내는 것처럼 보였던 이 일이 얼마나 어려운 작업이었는지 깨달았습니다.

하지만 해내야만 했습니다. 저도 이제 중견 임상 심리사이므로 그런 책임감을 짊어지고 문장을 쓸 수 있도록 변할 필요가 있었습니다. 결국 제가 어엿한 중견이 되기 위해서는 이 정도의 시간을 들여야만 했던 것이었습니다.

◆ ◆ ◆

고개를 들어보니 밖은 어두워졌고 커피도 벌써 식어버렸습니다.

아아, 정말로 오랜 시간이 걸렸습니다.

그렇다 해도 밤의 항해의 본질은 시간을 들이는 데 있으니까, 괜찮습니다.

마음은 순식간에 변하면 위험합니다. 들인 시간만큼 변하는 것이 좋습니다.

그러니 쓰는 데도, 읽는 데도 시간이 걸리는 책은 꽤 괜찮지 않나 싶습니다.

이제 됐습니다. 이걸로 끝입니다.

이제 노트북을 닫고 밖으로 나가겠습니다.

조각배들로 넘쳐나고 있는 거리로요.

모든 걸 비추는 밤,
마음만은 보이지 않아

초판 1쇄 인쇄 2023년 5월 15일
초판 1쇄 발행 2023년 5월 25일

지은이 도하타 가이토
옮긴이 이지수
펴낸이 유정연

이사 김귀분
책임편집 조현주 **기획편집** 신성식 유리슬아 서옥수 황서연 기경란 **디자인** 안수진 기경란
마케팅 이승헌 반지영 박중혁 하유정 **제작** 임정호 **경영지원** 박소영

펴낸곳 흐름출판(주) **출판등록** 제313-2003-199호(2003년 5월 28일)
주소 서울시 마포구 월드컵북로5길 48-9(서교동)
전화 (02)325-4944 **팩스** (02)325-4945 **이메일** book@hbooks.co.kr
홈페이지 http://www.hbooks.co.kr **블로그** blog.naver.com/nextwave7
출력·인쇄·제본 (주)상지사 **용지** 월드페이퍼(주) **후가공** (주)이지앤비(특허 제10-1081185호)

ISBN 978-89-6596-574-9 03180